Sobre a violência

Hannah Arendt

Sobre a violência

Tradução de
André Duarte

15ª edição

Rio de Janeiro | 2022

Copyright © 1970, 1969 by Hannah Arendt
Publicado mediante acordo com HarperCollins Publishers LLC.

Copyright da tradução © Civilização Brasileira, 2009

Título original: *On violence*

Todos os direitos reservados. É proibido reproduzir, armazenar ou transmitir partes deste livro, através de quaisquer meios, sem prévia autorização por escrito.

Texto revisado segundo o novo Acordo Ortográfico da Língua Portuguesa.

Direitos desta tradução adquiridos pela
EDITORA CIVILIZAÇÃO BRASILEIRA
Um selo da
EDITORA JOSÉ OLYMPIO LTDA.
Rua Argentina, 171 — Rio de Janeiro, RJ — 20921-380 — Tel.: (21) 2585-2000.

Seja um leitor preferencial Record.
Cadastre-se no site www.record.com.br
e receba informações sobre nossos lançamentos e nossas promoções.

Atendimento e venda direta ao leitor:
sac@record.com.br

CIP-BRASIL. CATALOGAÇÃO NA PUBLICAÇÃO
SINDICATO NACIONAL DOS EDITORES DE LIVROS, RJ

A727s   Arendt, Hannah, 1906-1975
      Sobre a violência / Hannah Arendt ; tradução André Duarte. — [15. ed]. — Rio de Janeiro : Civilização Brasileira, 2022.
      154 p. ; 23 cm.

      Tradução de: On violence
Apêndice
ISBN 978-65-5802-058-5

      Violência. I. Duarte, André. II. Título.

                         CDD: 303.6
21-74352   CDU: 316.485.26

Leandra Felix da Cruz Candido — Bibliotecária — CRB — 7/6135

Impresso no Brasil
2022

Para Mary, com amizade

Sumário

Prefácio, por Celso Lafer   9

Capítulo 1   15
Capítulo 2   45
Capítulo 3   69

Apêndice   99

Ensaio crítico – Poder e violência no pensamento político de Hannah Arendt: uma reconsideração, por André Duarte   119

Prefácio

*Celso Lafer**

Sobre a violência é um texto de importância na obra de Hannah Arendt. Representa, muito ao seu modo, um parar para pensar a respeito do tema, suscitado pelo contexto da rebelião estudantil de 1968, pela guerra do Vietnã e pela discussão, no âmbito da "nova esquerda", do papel dos meios violentos de resistência à opressão – como a guerrilha – particularmente nos processos de descolonização. Constitui, assim, como era usual na sua maneira de elaborar conceitos e tratar de assuntos, uma reflexão teórica a partir de problemas concretos da agenda política contemporânea. Nessa reflexão, certos temas arendtianos recorrentes são retomados, o que também permite dizer que este livro se insere de maneira coerente na trajetória intelectual da autora.

O livro se desdobra em três partes. Na primeira, o assunto recorrente é a ruptura, ou seja, a brecha entre o passado e o futuro, trazida pelo esfacelamento da tradição intelectual que não tem categorias suficientemente abrangentes para lidar de maneira apropriada com o ineditismo

---

* Jurista, professor e ex-ministro das Relações Exteriores. Recebeu o prêmio Jabuti em 1989 pelo livro *A reconstrução dos direitos humanos: um diálogo com o pensamento de Hannah Arendt* e ocupa a cadeira 14 da Academia Brasileira de Letras desde 2004.

das experiências políticas do século XX, entre as quais avulta o totalitarismo, tanto na sua vertente nazista quanto na stalinista. Nessa linha, Hannah Arendt mostra como o século XX encontrou na violência e na multiplicação de seus meios pela revolução tecnológica (por exemplo, a bomba atômica) o seu denominador comum, apontando como uma das características da "nova esquerda", precisamente, o tomar conhecimento dessa maciça intromissão da violência criminosa, em larga escala, na política. São exemplos paradigmáticos dessa intromissão os campos de concentração, o genocídio, a tortura e os massacres em massa de civis nos conflitos bélicos, que tipificam as modernas operações militares.

Essa tomada de conhecimento pode, em contraposição, instigar o emprego de meios não violentos de resistência à opressão – como a desobediência civil, de que Hannah Arendt trata num importante ensaio. Pode também induzir a um *páthos* e a um *élan* que inspiraram – e é disso que ela trata neste livro – uma posição favorável à violência e à aceitação, por exemplo, da argumentação de Sartre (no conhecido prefácio a Frantz Fanon) de que é pela violência que o homem se recria. Na sua postura crítica, Arendt sublinha que não é da tradição intelectual do idealismo hegeliano ou do materialismo de Marx pela recriação constante do homem pelo trabalho que se chega à glorificação da fúria vulcânica da violência.

Se a violência não é para ser glorificada, o que é esse fenômeno, que Sorel, um dos seus teóricos e apologistas, viu como permeado de obscuridades? É dessa maneira que Hannah Arendt inicia a segunda parte, cujo tema recorrente é a originalidade da análise do poder e da criatividade da ação.

Esquerda e direita, Wright Mills e Max Weber, Mao Tsé-tung e Bertrand de Jouvenel, todos veem na violência, observa Hannah Arendt, a mais flagrante manifestação de poder – entendido como o domínio do homem sobre homens, que exige a efetividade do comando. Não é essa, como se sabe, a visão de Arendt. Como ressaltou Habermas, ela des-

PREFÁCIO

locou, na sua análise, a temática do poder do seu emprego e aplicação para a de sua criação e manutenção. Para ela, o poder – que é inerente a qualquer comunidade política – resulta da capacidade humana para agir em conjunto, o que, por sua vez, requer o consenso de muitos quanto a um curso de ação. Por isso, poder e violência são termos opostos: a afirmação absoluta de um significa a ausência do outro. É a desintegração do poder que enseja a violência, pois quando os comandos não são mais generalizadamente acatados, por falta do consenso e da opinião favorável – implícita ou explícita – de muitos, os meios violentos não têm utilidade. É essa situação-limite que torna possível, mas não necessária, uma revolução. Em síntese, para Hannah Arendt, a violência destrói o poder, não o cria.

Ela fundamenta essa afirmação ao caracterizar a *violência* como instrumental e ao diferenciá-la do *poder* (a capacidade de agir em conjunto); do *vigor* (que é algo no singular, como no caso do vigor físico de um indivíduo); da *força* (a energia liberada por movimentos físicos ou sociais); e da *autoridade* (o reconhecimento inquestionado que não requer coerção nem persuasão, e que não é destruído pela violência, mas pelo desprezo).

A violência multiplica, com os instrumentos que a tecnologia fornece de maneira cada vez mais exponencial, o vigor individual. Por isso a forma extrema de violência é o "um contra todos". O que surge do cano de uma arma não é poder, mas a sua negação, e desse "poder de negação" não brota o seu oposto. Nesse sentido, aponta Hannah Arendt, é equivocada a confiança hegeliano-marxista no "poder de negação dialético", ou seja, de que os opostos não se destroem, mas desenvolvem-se, transformando-se. A violência não reconstrói dialeticamente o poder. Paralisa-o e o aniquila.

A violência destrutiva do poder está, no entanto, muito presente na vida do século XX. O que a explica? Este é o tema da terceira parte do livro. Para Arendt, a violência e a sua glorificação se explicam pela severa frustração da faculdade de agir no mundo contemporâneo, que tem suas raízes na burocratização da vida pública, na vulnerabilidade dos grandes sistemas e na monopolização do poder, que seca as autênticas fontes criativas. O decréscimo do poder pela carência da capacidade de agir em conjunto é um convite à violência. Arendt observa que aqueles que perdem essa capacidade, sentindo-a escapar de suas mãos – sejam governantes, sejam governados –, dificilmente resistem à tentação de substituir o poder que está desaparecendo pela violência. Ela aponta, aliás, numa arguta nota, como a ineficiência generalizada da polícia, nos Estados Unidos e na Europa, tem sido acompanhada pelo acréscimo da brutalidade policial.

Nessa terceira parte, o tópico recorrente fundamental é a análise da hipocrisia como provocadora da violência. O que converte os *engagés* em *enragés*, diz Hannah Arendt – retomando sua reflexão sobre o fenômeno revolucionário, sobretudo na França –, é a palavra, que não *revela* a imprescindível transparência do espaço público, mas a *esconde* na opacidade. Daí a ideia de arrancar, pela violência, as máscaras da hipocrisia dos governantes. A violência, no entanto, só tem sentido quando é uma *re-ação* e tem medida, como no caso da legítima defesa. Perde sua razão de ser quando se transforma numa estratégia *erga omnes*, ou seja, quando se racionaliza e se converte em princípio de ação.

Para esse equívoco contribuiu, no plano teórico – sublinha Arendt –, a revivescência do vitalismo, ou seja, Bergson e Nietzsche, na versão soreliana e nos seus desdobramentos, que leva ao uso de modelos orgânicos de concepção da política, nos quais a criatividade da vida do poder justifica a criatividade da violência em função da penalidade biológica da fraqueza e da morte.

Essa postura arendtiana também se compreende à luz de outro ponto-chave de sua reflexão, que é a contestação do medo da morte como o princípio da política. Para ela, não é a mortalidade – com a qual se preocupa a metafísica – a categoria central da política. É a natalidade, a esperança do novo, que provém da criatividade do início da ação conjunta que anima a *vita activa*. Essa esperança, que Arendt afirma em *A condição humana*, significa, apesar de todos os traumas do século XX, uma impugnação ao medo, que, do estado de natureza de Hobbes às entranhas do poder de Canetti, representa uma visão do poder e da política oposta à que ela buscou construir. Nesse sentido, e porque ela está, diria eu, de acordo com Giucciardini – para quem entre os homens normalmente a esperança pode mais que o temor –, Arendt fez neste pequeno grande livro uma oportuna e vigorosa crítica da apologia da violência.

São Paulo, maio de 1994

Capítulo 1

Capítulo 4

Estas reflexões foram provocadas pelos eventos e pelos debates dos últimos anos vistos contra o pano de fundo do século XX, que, como Lênin previu, tornou-se de fato um século de guerras e revoluções e, portanto, um século daquela violência que comumente se acredita ser o seu denominador comum. Há, entretanto, outro fator na situação presente que, mesmo imprevisto, tem pelo menos importância igual. O desenvolvimento técnico dos implementos da violência alcançou agora o ponto em que nenhum objetivo político poderia presumivelmente corresponder ao seu potencial de destruição ou justificar seu uso efetivo no conflito armado. Assim, a guerra – desde tempos imemoriais, árbitro último e implacável em disputas internacionais – perdeu muito de sua eficácia e quase todo o seu fascínio. O jogo de xadrez "apocalíptico" entre as superpotências, quer dizer, entre aqueles que manobram no mais alto plano de nossa civilização, está sendo jogado de acordo com a regra de que "se alguém 'vencer' é o fim para ambos";[1] trata-se de um jogo que não apresenta semelhança alguma com nenhum jogo de guerra que

---

1 Harvey Wheeler, "The Strategic Calculators", *in* Nigel Calder, *Unless Peace Comes*, Nova York, 1968, p. 109.

o precedeu. O seu objetivo "racional" é a dissuasão, não a vitória, e a corrida armamentista, como não é mais uma preparação para a guerra, agora só pode ser justificada pelo princípio de que mais e mais dissuasão é a melhor garantia para a paz. Não há resposta à questão de como poderemos nos desembaraçar da óbvia insanidade dessa posição.

Posto que a violência – distintamente do poder, da força ou do vigor[2] – sempre necessita de *implementos* (como Engels observou há muito tempo),[3] a revolução da tecnologia, uma revolução na fabricação dos instrumentos, foi especialmente notada na guerra. A própria substância da ação violenta é regida pela categoria meio-fim, cuja principal característica, quando aplicada aos negócios humanos, foi sempre a de que o fim corre o perigo de ser suplantado pelos meios que ele justifica e que são necessários para alcançá-lo. Visto que o fim da ação humana, distintamente dos produtos finais da fabricação, nunca pode ser previsto de maneira confiável, os meios utilizados para alcançar os objetivos políticos são muito frequentemente de mais relevância para o mundo futuro do que os objetivos pretendidos.

Ademais, posto que os resultados das ações dos homens estão além do controle dos atores, a violência abriga em si mesma um elemento adicional de arbitrariedade; em nenhum outro lugar a Fortuna, a boa ou a má sorte, representa um papel mais fatídico nos negócios humanos do que no campo de batalha, e essa intrusão do totalmente inesperado não desaparece quando as pessoas o chamam de um "evento casual" e tomam-no por cientificamente suspeito; e o totalmente inesperado não pode ser eliminado por simulações, roteiros, teorias dos jogos e coisas assim. Não há certeza nesses assuntos, nem mesmo a certeza derradeira da mútua destruição sob certas circunstâncias calculadas. O próprio fato de os que se engajam no aperfeiçoamento dos meios de destruição terem

---

2 Arendt usa os termos *power, force e strength*. [*N. do T.*]

3 *Herrn Eugen Dührings Umwälzung der Wissenschaft* (1878), parte II, cap. 3.

finalmente atingido o grau de desenvolvimento técnico em que a sua própria meta, isto é, a guerra, está a ponto de desaparecer totalmente em virtude dos meios à sua disposição[4] é como um irônico lembrete da imprevisibilidade onipotente que encontramos no momento em que nos aproximamos do domínio da violência. A principal razão em função da qual a guerra ainda está entre nós não é um secreto desejo de morte da espécie humana, nem um instinto irreprimível de agressão ou tampouco e por fim, de forma mais plausível, os sérios perigos econômicos e sociais inerentes ao desarmamento,[5] mas o simples fato de que nenhum substituto para esse árbitro último nos negócios internacionais apareceu na cena política. Não estaria Hobbes certo quando disse: "Pactos sem a espada são meras palavras"?

Nem é provável que um substituto venha a aparecer enquanto estiverem identificadas a independência nacional, quer dizer, o estar livre da dominação estrangeira, e a soberania do Estado, isto é, a reivindicação de um poder ilimitado e irrestrito em assuntos externos. (Os Estados Unidos da América estão entre os poucos países em que uma separação

---

4 Como observa o general André Beaufre, em "Battlefields of the 1980s", apenas "naquelas partes do mundo não abrangidas pela dissuasão nuclear" a guerra é ainda possível, e mesmo essa "guerra convencional", apesar de seus horrores, já é limitada pela ameaça sempre presente da escalada rumo à guerra nuclear (*in* Calder, *op. cit.*, p. 3).

5 *Report from Iron Mountain*, Nova York, 1967, a sátira sobre a forma de pensamento da *Rand Corporation* e de outros centros de assessoramento está provavelmente mais próxima da realidade, com o seu "tímido olhar sobre a fronteira da paz", do que estudos mais "sérios". Seu principal argumento — que a guerra é tão essencial ao funcionamento de nossa sociedade que não ousaremos aboli-la a não ser que encontremos meios ainda mais criminosos para lidar com nossos problemas — chocará apenas aqueles que esqueceram em que medida a crise de desemprego da Grande Depressão foi resolvida apenas por meio do advento da Segunda Guerra Mundial, ou aqueles que convenientemente omitem ou questionam a extensão do presente desemprego latente sob várias formas de acordos com sindicatos. (No original, "*various forms of featherbedding*". *Featherbedding* é um termo que designa, nos Estados Unidos, a prática usada por sindicato de operários que obriga o empregador a contratar mais operários do que o necessário para determinada tarefa.)

adequada entre liberdade e soberania é ao menos teoricamente possível, na medida em que as próprias bases da república americana não seriam ameaçadas por ela. Tratados externos, de acordo com a Constituição, são parte integrante da lei do país, e, como observou o juiz James Wilson, em 1793, "o termo soberania é totalmente estranho à Constituição dos Estados Unidos". Mas os tempos dessa separação lúcida e altiva em relação à linguagem tradicional e à estrutura política conceitual do Estado-nação europeu passaram-se há muito; a herança da Revolução Americana está esquecida e o governo americano, para o melhor e para o pior, incorporou-se à herança da Europa como se ela fora seu patrimônio – inconsciente do fato de que o declínio do poder da Europa foi precedido e acompanhado pela falência política, a falência do Estado-nação e de seu conceito de soberania.) Que a guerra ainda seja a *ultima ratio*, a velha continuação da política por meio da violência nos negócios externos dos países subdesenvolvidos, não constitui argumento contra a sua caducidade; e o fato de que apenas pequenos países sem armas nucleares ou biológicas possam ainda realizá-la não é nenhum consolo. Não é segredo para ninguém que o famoso evento casual pode mais provavelmente aparecer naquelas partes do mundo em que o velho adágio "não há alternativa à vitória" guarda alto grau de plausibilidade.

Em tais circunstâncias, nada pode ser mais assustador do que o constante crescimento do prestígio dos assessores de mentalidade científica nos conselhos do governo nas últimas décadas. O problema não é que eles tenham sangue-frio suficiente para "pensar o impensável", mas, sim, que eles não *pensem*. Em vez de entregarem-se a essa atividade antiquada e improcessável, calculam as consequências de certas suposições hipoteticamente assumidas, sem, contudo, ser capazes de testar suas hipóteses contra as ocorrências reais. A falha lógica nessas construções hipotéticas dos eventos futuros é sempre a mesma: aquilo que antes aparece como uma hipótese – com ou sem as suas consequentes alternativas, conforme o grau de sofisticação – torna-se imediatamente, em geral após uns poucos parágrafos, um

CAPÍTULO 1

"fato", o qual, então, origina toda uma corrente de não fatos similares, daí resultando que o caráter puramente especulativo de toda a empreitada é esquecido. Não é preciso dizer que isso não é ciência, mas pseudociência, "a desesperada tentativa das ciências sociais e comportamentais", nas palavras de Noam Chomsky, "de imitar as características superficiais das ciências que realmente têm um conteúdo intelectual significativo". E a mais óbvia e "mais profunda objeção a esse tipo de teoria estratégica não é a sua utilidade limitada, mas o seu perigo, pois ela pode nos levar a acreditar que temos um entendimento a respeito desses eventos e um controle sobre o seu fluxo, o que não temos", como indicou recentemente Richard N. Goodwin em um artigo de revista que tinha a rara virtude de detectar o característico "humor inconsciente" de muitas dessas pomposas teorias pseudocientíficas.[6]

Eventos, por definição, são ocorrências que interrompem processos e procedimentos de rotina; apenas em um mundo em que nada de importante acontece poderia tornar-se real o sonho dos futurologistas. Previsões do futuro nunca são mais do que projeções de processos e procedimentos automáticos do presente, isto é, de ocorrências que possivelmente advirão se os homens não agirem e se nada de inesperado acontecer; toda ação, para o melhor e para o pior, e todo acidente destroem, necessariamente, todo o modelo em cuja estrutura move-se a previsão e no qual ela encontra sua evidência. (A observação passageira de Proudhon de que "a fecundidade do inesperado excede muito a prudência do estadista" ainda é, felizmente, verdadeira. Ela excede ainda mais obviamente os cálculos dos especialistas.) Chamar tais acontecimentos inesperados, imprevistos e imprevisíveis de "eventos casuais" ou de "últimos suspiros do passado", condenando-os à irrelevância ou à famosa "lata de lixo da história", é o mais velho truque nesse campo. O truque, sem dúvida, ajuda a orde-

---

6 Noam Chomsky *in American Power and the New Mandarins*, Nova York, 1969. A resenha de Richard N. Goodwin a respeito do livro de Thomas C. Schelling, *Arms and Influence*, Yale, 1966, é da *The New Yorker*, 17 de fevereiro de 1968.

nar a teoria, mas ao preço de afastá-la mais e mais da realidade. O perigo está em que essas teorias são não apenas plausíveis, pois tiram seus indícios de tendências presentes efetivamente discerníveis, mas também possuem um efeito hipnótico em função de sua consistência interna; elas adormecem nosso senso comum, que nada mais é do que nosso órgão espiritual para perceber, entender e lidar com a realidade e com os fatos.

Ninguém que se tenha dedicado a pensar a história e a política pode permanecer alheio ao enorme papel que a violência sempre desempenhou nos negócios humanos, e, à primeira vista, é surpreendente que a violência tenha sido raramente escolhida como objeto de consideração especial.[7] (Na última edição da *Enciclopédia de Ciências Sociais*, "violência" nem sequer merece menção.) Isso indica quanto a violência e sua arbitrariedade foram consideradas corriqueiras e, portanto, negligenciadas; ninguém questiona ou examina o que é óbvio para todos. Aqueles que viram apenas violência nos assuntos humanos, convencidos de que eles eram "sempre fortuitos, nem sérios nem precisos" (Renan), ou de que Deus sempre esteve com os maiores batalhões, nada mais tinham a dizer a respeito da violência ou da história. Quem quer que tenha procurado algum sentido nos registros do passado viu-se quase obrigado a enxergar a violência como um fenômeno marginal. Seja Clausewitz denominando a guerra como a "continuação da política por outros meios", seja Engels definindo a violência como o acelerador do desenvolvimento econômico,[8] a ênfase recai sobre a continuidade política ou econômica, sobre a continuidade de um processo que permanece determinado por aquilo

---

7 Certamente existe vasta literatura sobre guerra e combates, mas ela lida com os implementos da violência, não com a própria violência.

8 Ver Engels, *op. cit.*, parte II, cap. 4.

que precedeu a ação violenta. Desse modo, os estudiosos das relações internacionais sustentaram até recentemente "a máxima de que uma resolução militar em desacordo com as mais profundas fontes culturais do poder nacional não poderia ser estável", ou, nas palavras de Engels, "onde quer que a estrutura de poder de um país contradiga o seu desenvolvimento econômico", será o poder político, com seus meios de violência, que sofrerá a derrota.[9]

Hoje todas essas antigas verdades sobre a relação entre guerra e política, ou a respeito da violência e do poder, tornaram-se inaplicáveis. À Segunda Guerra Mundial não se seguiu a paz, mas uma guerra fria e o estabelecimento do complexo de trabalho industrial-militar. Falar da "prioridade do potencial para fazer a guerra como a principal força estruturadora na sociedade", sustentar que os "sistemas econômicos, as filosofias políticas e a *corpora juris* servem e ampliam o sistema de guerra e não o contrário", concluir que "a própria guerra é o sistema social básico, dentro do qual outros modos secundários da organização social conflitam ou conspiram" – tudo isso soa muito mais plausível do que as fórmulas do século XIX de Engels ou Clausewitz. Ainda mais conclusivo do que essa simples inversão proposta pelo autor anônimo de *Report from Iron Mountain* – em vez de a guerra ser "uma extensão da diplomacia" (ou da política, ou ainda da busca de objetivos econômicos), a paz é a continuação da guerra por outros meios – é o desenvolvimento efetivo das técnicas de combate. Nas palavras do físico russo Sakharov, "uma guerra termonuclear não pode ser considerada uma continuação da política por outros meios (de acordo com a fórmula de Clausewitz) – ela seria um meio para o suicídio universal".[10]

Além do mais, sabemos que "algumas poucas armas poderiam fazer desaparecer todas as outras fontes do poder nacional em poucos instan-

---

9 Wheeler, *op. cit.*, p. 107; Engels, *ibidem*.

10 Andrei D. Sakharov, *Progress, Coexistence, and Intellectual Freedom*, Nova York, 1968, p. 36.

tes",[11] que foram projetadas armas biológicas que propiciariam a "pequenos grupos de indivíduos... a inversão do balanço estratégico", e que elas seriam baratas o suficiente para ser produzidas por "nações incapazes de desenvolver forças nucleares de ataque";[12] que "em poucos anos" soldados-robôs terão tornado os "soldados humanos completamente obsoletos";[13] e que, finalmente, em combates convencionais, os países pobres são muito menos vulneráveis do que as grandes potências justamente porque são "subdesenvolvidos" e porque a superioridade técnica "pode ser muito mais um ônus do que uma vantagem" em confrontos de guerrilha.[14] O que todas essas desconfortáveis novidades trazem como acréscimo é uma completa inversão nas relações entre poder e violência, antecipando uma outra inversão no futuro relacionamento entre os pequenos e os grandes poderes. A soma de violência à disposição de qualquer país pode rapidamente deixar de ser uma indicação confiável de seu vigor ou uma garantia segura contra a sua destruição por um poder substancialmente menor e mais fraco. E isso apresenta uma sinistra similaridade para com um dos mais antigos *insights* da ciência política, isto é, o de que o poder não pode ser medido em termos de riqueza, que a abundância de riqueza pode erodir o poder, que a prosperidade é particularmente perigosa para o poder e o bem-estar das repúblicas – um *insight* que não perde sua validade apenas porque foi esquecido, especialmente num tempo em que sua verdade adquiriu uma nova dimensão de validade ao tornar-se aplicável também ao arsenal da violência.

Quanto mais a violência se tornou um instrumento dúbio e incerto nas relações internacionais, tanto mais adquiriu reputação e apelo em questões domésticas, especialmente no que se refere ao tema da revolução. A forte retórica marxista da nova esquerda coincide com o fir-

---

11 Wheeler, *ibidem*.
12 Nigel Calder, "The New Weapons", *in op. cit.*, p. 239.
13 M.W. Thring, "Robots on the March", *in* Calder, *op. cit.*, p. 169.
14 Vladimir Dedijer, "The Poor Man's Power", *in* Calder, *op. cit.*, p. 29.

me crescimento da convicção totalmente não marxista, proclamada por Mao Tsé-tung, de que o "poder brota do cano de uma arma". Sem dúvida, Marx estava ciente do papel da violência na história, mas esse papel era para ele secundário; não a violência, mas as contradições inerentes à velha sociedade iriam conduzi-la ao seu próprio fim. O surgimento de uma nova sociedade era precedido, mas não causado, por irrupções violentas, que ele relacionou com as dores que precedem – mas certamente não causam – o evento do nascimento orgânico. Na mesma via, ele considerou o Estado um instrumento da violência sob o comando da classe dominante; mas o poder real da classe dominante não consistia nem se assentava na violência. Ele era definido pelo papel desempenhado pela classe dominante na sociedade ou, mais exatamente, por seu papel no processo de produção. Tem sido frequentemente notado, e algumas vezes deplorado, que a esquerda revolucionária influenciada pelos ensinamentos de Marx exclui o uso de meios violentos; a "ditadura do proletariado" – francamente repressiva nos escritos de Marx – veio após a revolução e destinava-se, como a ditadura romana, a durar um período estritamente limitado. O assassinato político, exceto poucos atos individuais de terror perpetrados por pequenos grupos de anarquistas, era em geral prerrogativa da direita, enquanto levantes armados organizados continuavam a especialidade dos militares. A esquerda continuou convencida de que "todas as conspirações são não apenas inúteis, mas também prejudiciais. Ela sabia perfeitamente bem que as revoluções não são feitas intencional ou arbitrariamente, mas sempre foram em toda parte o resultado necessário de circunstâncias inteiramente independentes da vontade e do controle de partidos particulares e de classes inteiras".[15]

No plano da teoria houve algumas poucas exceções. Georges Sorel, que no começo do século tentou combinar o marxismo com a filosofia da

---

15 Devo essa observação de Engels, em um manuscrito de 1847, a Jacob Barion, *Hegel und die marxistische Staatslehre*, Bonn, 1963.

vida de Bergson – o resultado, embora em um grau de sofisticação muito menor, assemelha-se estranhamente ao conhecido amálgama de Sartre entre marxismo e existencialismo –, pensou a luta de classes em termos militares; mas terminou propondo nada mais do que o famoso mito da greve geral, uma forma de ação que hoje pensaríamos, por outro lado, como pertencente ao arsenal da política não violenta. Há cinquenta anos mesmo essa proposta modesta lhe conferiu a reputação de fascista, não obstante a sua aprovação entusiástica por Lênin e pela Revolução Russa. Sartre, que em seu prefácio a *Os condenados da terra*, de Fanon, vai muito além em sua glorificação da violência do que fizera Sorel em suas famosas *Reflexões sobre a violência* – mais além mesmo do que o próprio Fanon, cujo argumento ele pretende levar às suas conclusões –, ainda menciona as "afirmações fascistas de Sorel". Isso mostra quanto Sartre nada sabe de seu desacordo básico com Marx no que se refere à questão da violência, especialmente quando ele afirma que "a violência incontrolável [...] é o homem recriando-se a si mesmo" e que é por meio da "fúria louca" que os "condenados da Terra" podem "tornar-se homens". Essas noções são ainda mais notáveis porque a ideia do homem criando-se a si mesmo está estritamente na tradição do pensamento hegeliano e marxista; ela é a própria base de todo humanismo de esquerda. Mas, de acordo com Hegel, o homem "produz-se" a si mesmo por meio do pensamento,[16] enquanto para Marx, que virou o "idealismo" hegeliano de cabeça para baixo, era o trabalho, a forma humana do metabolismo com a natureza, que preenchia essa função. E, embora possa ser defendido que todas as noções do homem criando-se a si próprio tenham em comum o rebelar-se contra a própria facticidade [*factuality*] da condição humana, nada é mais óbvio do que a afirmação de que o homem *não* deve sua existência a si mesmo, tanto como membro da espécie quanto como indivíduo – e que, portanto,

---

16 É muito sugestivo que Hegel fale, nesse contexto, de "*Sichselbstproduzieren*" ["produzir-se a si mesmo"]. Ver *Vorlesungen über die Geschichte der Philosophie*, ed. Hoffmeister, p. 114, Leipzig, 1938.

o que Sartre, Marx e Hegel têm em comum é mais relevante do que as atividades particulares por meio das quais esse não fato poderia presumivelmente advir; não se pode todavia negar que um abismo separa as atividades essencialmente pacíficas do pensamento e do trabalho de todos os feitos da violência. "Atirar em um europeu é matar dois pássaros com uma mesma pedra [...] aí jazem um homem morto e um homem livre", diz Sartre em seu prefácio. Esta é uma frase que Marx jamais teria escrito.[17]

Citei Sartre a fim de mostrar que essa nova mudança rumo à violência no pensamento dos revolucionários pode passar despercebida mesmo para um de seus porta-vozes mais representativos e articulados,[18] e isso é tanto mais digno de nota por não se tratar, evidentemente, de uma noção abstrata na história das ideias. (Se retornarmos ao *conceito* "idealista" de pensamento de cabeça para baixo, poder-se-ia chegar ao *conceito* "materialista" de trabalho; nunca se chegaria à noção da violência.) Não resta dúvida de que tudo isso possui uma lógica própria, mas ela se origina da experiência e essa experiência era totalmente desconhecida para qualquer geração anterior.

O *páthos* e o *élan* da nova esquerda, a sua credibilidade, por assim dizer, estão intimamente relacionados com o estranho desenvolvimento suicida das armas modernas; esta é a primeira geração a crescer sob a sombra da bomba atômica. Ela herdou da geração de seus pais a experiência de uma intromissão maciça da violência criminosa na política: aprendeu na escola e na universidade sobre os campos de concentração e extermínio, sobre o genocídio e sobre tortura,[19] sobre massacres em massa dos civis na guerra, sem os quais as modernas operações militares não são mais possíveis, mesmo se restritas às armas "convencionais". A sua primeira reação foi uma repulsa contra toda forma de violência, com a adoção quase natural de uma políti-

---

17 Ver Apêndice I, p. 99.

18 Ver Apêndice II, p. 100.

19 Noam Chomsky observa corretamente entre os motivos para a rebelião deliberada a recusa a "assumir o seu próprio lugar ao lado do 'bom alemão', que todos aprendemos a desprezar". *Op. cit.*, p. 368.

ca da não violência. O imenso sucesso desse movimento, especialmente no campo dos direitos civis, foi seguido pelo movimento de resistência contra a guerra no Vietnã, que permaneceu um importante fator na determinação do clima da opinião pública nos Estados Unidos. Mas não é segredo que as coisas mudaram desde então, que os adeptos da não violência estão na defensiva, e seria fútil dizer que apenas os "extremistas" se rendem a uma glorificação da violência, tendo descoberto – como os camponeses argelinos de Fanon – que "apenas a violência compensa".[20]

Os novos militantes têm sido denunciados como anarquistas, niilistas, fascistas vermelhos, nazistas e, com justificativa muito mais considerável, "ludistas quebradores de máquinas",[21] ao que os estudantes têm oposto *slogans* não menos sem sentido, tais como "Estado policial", "fascismo latente do capitalismo tardio" e, com justificação consideravelmente maior, "sociedade de consumo".[22] Seu comportamento tem sido repreendido sob o crivo de todo tipo de fatores sociais e psicológi-

---

20 Frantz Fanon, *The Wretched of the Earth* (1961), Grove Press edition, 1968, p. 61. Utilizo essa obra em função de sua grande influência entre a geração estudantil presente. O próprio Fanon, entretanto, é muito mais dúbio a respeito da violência do que seus admiradores. Ao que parece, apenas o primeiro capítulo do livro, "Concerning Violence", foi amplamente lido. Fanon conhece a "brutalidade pura e total [que], se não combatida imediatamente, invariavelmente conduz à derrota do movimento em poucas semanas" (p. 147). Sobre a recente escalada de violência no movimento estudantil, ver as instrutivas séries "Gewalt" na revista *Der Spiegel* (10 de fevereiro de 1969) e "Mit dem Latein am Ende" (n. 26 e 27, 1969).

21 Ver Apêndice III, p. 102.

22 O último desses epítetos faria sentido se fosse empregado descritivamente. Por trás dele, entretanto, encontra-se a ilusão da sociedade dos produtores livres de Marx, a liberação das forças produtivas da sociedade que, de fato, tem sido cumprida não pela revolução, mas pela ciência e pela tecnologia. Essa liberação, além do mais, não é acelerada, mas seriamente retardada, em todos os países que passaram por uma revolução. Em outras palavras, por trás de sua denúncia do consumismo está a idealização da produção, e com ela a velha idolatria da produtividade e da criatividade. "A alegria da destruição é uma alegria criativa" – sim, de fato, se se acredita que "a alegria do trabalho" é produtiva; a destruição é o único "trabalho" que pode ser feito por meio de simples implementos sem a ajuda de máquinas, muito embora, com certeza, as máquinas façam o trabalho de forma bem mais eficiente.

cos – como exacerbação da permissividade em sua educação nos Estados Unidos e uma reação explosiva à autoridade excessiva na Alemanha e no Japão; como resultante da falta de liberdade no Leste Europeu e da liberdade excessiva no Ocidente; como oriundo da desastrosa falta de emprego para os estudantes de sociologia na França e resultado da superabundância de carreiras em quase todas as áreas nos Estados Unidos. Esses fatores parecem bastante plausíveis em escala local, mas são claramente desmentidos pelo fato de que a rebelião estudantil é um fenômeno global. Um denominador social comum para o movimento parece estar fora de questão, mas é certo que, psicologicamente, essa geração parece caracterizar-se em qualquer lugar pela pura coragem, por uma surpreendente disposição para a ação e por uma confiança não menos surpreendente na possibilidade da mudança.[23] Mas essas qualidades não são causas, e, se perguntamos o que realmente levou a todo esse desenvolvimento inesperado nas universidades de todo o mundo, parece absurdo ignorar o mais óbvio e talvez mais potente fator, para o qual, ademais, inexiste precedente ou analogia – o simples fato de que o progresso tecnológico está em muitos casos levando diretamente ao desastre;[24] de que as ciências ensinadas e aprendidas por essa geração parecem não apenas inaptas para desfazer as consequências desastrosas de sua própria tecnologia, mas alcançaram um estágio em seu desenvolvimento

---

23 Esse apetite para a ação é bastante discernível em pequenos empreendimentos relativamente inofensivos. Estudantes fizeram uma greve bem-sucedida contra as autoridades do *campus*, que pagavam aos funcionários da cafeteria, dos prédios e dos *campi* abaixo do mínimo legal. A decisão dos estudantes de Berkeley de se juntarem à luta pela transformação de um lote desocupado da universidade em um "Parque do Povo" deveria ser contada entre essas empreitadas, mesmo que tenha provocado a pior reação da parte das autoridades até então. A julgar com base nos incidentes de Berkeley, parece que precisamente tais ações "não políticas" unificam o corpo estudantil atrás de uma vanguarda radical. "Um referendo dos estudantes, que viu a mais intensa participação de eleitores na história do movimento estudantil, obteve cerca de 85% entre os quase 15 mil votantes a favor do uso do lote como um parque do povo." Ver o excelente relato de Sheldon Wolin e John Schaar, "Berkeley: The Battle of People's Park", *New York Review of Books*, 19 de junho de 1969.

24 Ver Apêndice IV, p. 104.

em que "qualquer droga de coisa que você faça pode transformar-se em guerra".[25] Certamente, nada é mais importante para a integridade das universidades – que, nas palavras do senador Fullbright, traíram a confiança pública ao tornarem-se dependentes de projetos de pesquisa financiados pelo governo[26] – do que uma separação rigorosamente observada em relação à pesquisa dirigida para a guerra e outros empreendimentos conexos; mas seria ingênuo esperar que isso pudesse mudar a natureza da ciência moderna ou deter o esforço de guerra, sendo ainda ingênuo negar que a limitação resultante bem poderia levar a uma queda dos padrões universitários.[27] A única coisa que essa separação parece não acarretar é uma retirada geral dos fundos federais, pois, como indicou recentemente Jerome Lettvin, do MIT, "o governo não pode não nos financiar"[28] – do mesmo modo que as universidades não podem não aceitar os fundos federais. Mas isso significa que elas "têm de aprender como tornar estéril o apoio financeiro" (Henry Steele Commager), o que é uma tarefa difícil, mas não impossível, em vista do enorme aumento do poder das universidades nas sociedades modernas. Em resumo, a proliferação aparentemente irresistível de técnicas e máquinas, longe de ameaçar certas classes com o desemprego, ameaça a existência de nações inteiras e, presumivelmente, de toda a humanidade.

É apenas natural que a nova geração devesse viver com mais consciência quanto à possibilidade do dia do Juízo Final do que aqueles "acima dos 30", não porque seja mais jovem, mas porque esta foi a sua primeira experiência decisiva no mundo. (Aquilo que são "problemas" para nós está "embutido na carne e no sangue dos jovens".)[29] Se se fizerem duas

---

25 Jerome Lettvin, do MIT, *The New York Times Magazine*, 18 de maio de 1969.

26 Ver Apêndice V, p. 105.

27 A firme tendência da pesquisa básica das universidades para os laboratórios industriais é bastante significativa e característica.

28 *Loc. cit.*

29 Stephen Spender, *The Year of the Young Rebels*, Nova York, 1969, p. 179.

simples perguntas a um membro dessa geração: "Como você quer que seja o mundo em cinquenta anos?" e "O que você quer que seja a sua vida daqui a cinco anos?", as respostas serão quase sempre precedidas por: "Desde que ainda haja um mundo" e "Desde que eu ainda esteja vivo". Nas palavras de George Wald, "aquilo com que nos defrontamos é uma geração que de forma alguma está segura de ter um futuro".[30] Pois o futuro, segundo Spender, é como uma "bomba-relógio enterrada, cujo tique-taque soa no presente". À frequente questão: "Quem são eles, esta nova geração?", pode-se ficar tentado a responder: "Aqueles que ouvem o tique-taque." E a outra questão: "Quem são aqueles que os negam totalmente?", a resposta bem poderia ser: "Aqueles que não sabem ou recusam-se a enfrentar as coisas como elas realmente são."

A rebelião estudantil é um fenômeno global, mas certamente suas manifestações variam muito de país para país e, com frequência, de universidade para universidade. Isso é em especial verdadeiro quanto à prática da violência. A violência continuou basicamente uma questão de teoria ou de retórica onde quer que o conflito entre gerações não tenha coincidido com um conflito de interesses de grupos tangíveis. Foi assim notadamente na Alemanha, onde as faculdades privadas tinham interesse declarado em seminários e conferências superlotados. Nos Estados Unidos, o movimento estudantil se radicalizou onde quer que a polícia e a brutalidade policial interviessem em manifestações essencialmente não violentas: ocupações de prédios administrativos, *sit-ins* etc. A violência séria tomou conta da cena apenas com a aparição do movimento *Black Power* nos *campi*. Estudantes negros, a maioria dos quais admitida sem qualificação acadêmica, conceberam-se e organizaram-se como um grupo de interesse: os representantes da comunidade negra. Seu interesse era baixar os padrões acadêmicos. Eles eram mais cautelosos do que os rebeldes brancos, mas estava claro desde o início (mesmo antes dos

---

30 George Wald, *The New Yorker*, 22 de março de 1969.

incidentes na Universidade de Cornell e no City College de Nova York) que, com eles, a violência não era apenas uma questão de teoria e retórica. Mais ainda: enquanto a rebelião estudantil nos países ocidentais não conta em nenhum lugar com o apoio popular fora das universidades, e, como regra, encontra franca hostilidade quando se vale de meios violentos, subsiste uma vigorosa minoria da comunidade negra por trás da violência verbal ou efetiva dos estudantes negros.[31] A violência dos negros pode de fato ser compreendida em analogia à violência dos trabalhadores nos Estados Unidos uma geração atrás; e, embora apenas Staughton Lynd, tanto quanto eu saiba, tenha esboçado explicitamente a analogia entre os levantes trabalhistas e a rebelião estudantil,[32] parece que a instituição acadêmica – em sua curiosa tendência de ceder mais às demandas dos negros, mesmo se elas são evidentemente tolas e abusivas,[33] do que às reivindicações desinteressadas e, com frequência, altamente morais dos rebeldes brancos – também pensa nesses termos e sente-se mais confortável quando confrontada com interesses acrescidos de violência do que quando se trata da "democracia participativa" não violenta. A concessão das autoridades universitárias ante as exigências dos negros tem sido usualmente explicada pelo "sentimento de culpa" da comunidade branca; eu penso que é mais provável que os docentes das faculdades, assim como o quadro dos administradores e dos conselheiros, estejam mais ou menos conscientemente atentos à óbvia verdade de uma conclusão oficial do Relatório sobre a Violência nos Estados Unidos: "A força e a violência provavelmente serão técnicas de controle social e persuasão bem-sucedidas quando possuírem um amplo apoio popular."[34]

---

31 Ver Apêndice VI, p. 107.

32 Ver Apêndice VII, p. 108.

33 Ver Apêndice VIII, p. 108.

34 Ver o relatório da Comissão Nacional das Causas e Prevenção da Violência, de junho de 1969, tal como citado no *New York Times* de 6 de junho de 1969.

CAPÍTULO 1

A nova e inegável glorificação da violência pelo movimento estudantil tem uma curiosa peculiaridade. Enquanto a retórica dos novos militantes se inspira claramente em Fanon, seus argumentos teóricos comumente não contêm mais do que uma mistura de todo tipo de remanescências marxistas. Isso é de fato bastante frustrante para quem quer que tenha lido Marx ou Engels. Quem poderia chamar uma ideologia de marxista se ela deposita sua fé em "vadios desclassificados", acredita que "a rebelião encontrará no *lumpenproletariat* a sua ponta de lança urbana" e que "*gângsteres* iluminarão o caminho para o povo"?[35] Sartre, com sua grande felicidade no uso das palavras, deu expressão à nova fé. "A violência", acredita ele agora, a partir da veemência do livro de Fanon, "como a lança de Aquiles, pode regenerar as feridas que ela infligiu". Se isso fosse verdade, a vingança seria o melhor remédio para muitos de nossos males. Esse mito é mais abstrato e bem mais afastado da realidade do que o mito soreliano da greve geral jamais o fora. Ele rivaliza com os piores excessos retóricos de Fanon, tais como "a fome com dignidade é preferível ao pão comido na escravidão". Nenhuma história ou teoria é necessária para refutar essa afirmação; o mais superficial observador dos processos que se desenvolvem no corpo humano conhece a sua inverdade. Mas, se ele tivesse dito que o pão comido com dignidade é preferível ao bolo comido na escravidão, o aspecto retórico teria sido perdido.

Lendo essas afirmações irresponsavelmente grandiosas – e as que citei são bastante representativas, a não ser pelo fato de que Fanon ainda tenta permanecer mais próximo da realidade do que muitos outros – e considerando-as da perspectiva daquilo que sabemos a respeito da história das rebeliões e revoluções, somos tentados a negar-lhes a importância e a atribuí-las a um ânimo passageiro ou à ignorância e à nobreza de sentimento de pessoas que, expostas a eventos e desenvolvimentos inauditos, sem quaisquer meios para lidar mentalmente com eles, revivem assim, de modo curioso, pensamentos

---

35 Fanon, *op. cit.*, p. 130, 129 e 69, respectivamente.

e emoções dos quais Marx esperava ter libertado a revolução de uma vez por todas. Quem já duvidou de que aqueles que sofreram violência sonham com violência; de que os oprimidos sonham pelo menos uma vez por dia em colocar-se a si mesmos no lugar dos opressores; de que o pobre sonha com as posses dos ricos; de que os perseguidos sonham com a troca "do papel de presa pelo de caçador"; e de que os últimos anseiam pelo reino em que "os últimos serão os primeiros e os primeiros serão os últimos"?[36] A questão, tal como Marx a via, é a de que sonhos nunca se tornam realidade.[37] É notável a escassez de rebeliões de escravos e de levantes entre os deserdados e humilhados; nas poucas ocasiões em que ocorreram, foi precisamente a "fúria louca" que transformou o sonho em pesadelo para todo mundo. Que eu saiba, em nenhum caso a força dessas explosões "vulcânicas" era "igual à da pressão que os oprimia", nas palavras de Sartre. Identificar os movimentos de liberação nacional com tais explosões é profetizar o seu fim – sem considerar que sua vitória improvável não resultaria em uma mudança do mundo (ou do sistema), mas apenas de pessoas. Finalmente, pensar que haja algo como uma "Unidade do Terceiro Mundo", para a qual se poderia endereçar o novo *slogan* na era da descolonização – "Nativos de todos os países subdesenvolvidos, uni-vos!" –, é repetir as piores ilusões de Marx em uma escala muito maior e com uma justificação consideravelmente menor. O Terceiro Mundo não é uma realidade, mas uma ideologia.[38]

---

36 Fanon, *op. cit.*, p. 37 e seguintes, p. 53.

37 Ver Apêndice IX, p. 109.

38 Os estudantes presos entre duas grandes superpotências e igualmente desiludidos pelo Ocidente e pelo Leste "inevitavelmente buscam uma terceira ideologia na China de Mao ou na Cuba de Castro" (Spender, *op. cit.*, p. 92). Seus apelos a Mao, Castro, Che Guevara e Ho Chi Minh são como preces pseudorreligiosas por salvadores vindos de outro mundo; eles também clamariam a Tito se a Iugoslávia fosse mais distante e menos acessível. O caso é diferente com o movimento *Black Power*; seu compromisso ideológico com a inexistente "Unidade do Terceiro Mundo" não é apenas puro romantismo sem sentido. Eles têm um óbvio interesse na dicotomia branco-negro; isso também é certamente mero escapismo — uma fuga para um mundo de sonho em que os negros constituiriam a maioria irresistível da população mundial.

CAPÍTULO 1

A questão persiste: por que tantos dos novos apologistas da violência ignoram o seu desacordo decisivo em relação aos ensinamentos de Karl Marx, ou, em outros termos, por que se agarram com tenacidade obsessiva a conceitos e doutrinas não apenas refutados pelo desenvolvimento dos fatos, mas também claramente incongruentes com suas próprias políticas? O único *slogan* político positivo proposto pelo novo movimento, a exigência de "democracia participativa", que ecoou em todo o globo e constituiu o denominador comum mais significativo das rebeliões no Leste e no Ocidente, provém do melhor na tradição revolucionária – o sistema de conselhos, sempre derrotado, mas único fruto autêntico de toda revolução desde o século XVIII. Entretanto nenhuma referência a esse objetivo, em palavras ou em substância, pode ser encontrada nos ensinamentos de Marx e Lênin – ambos almejavam, ao contrário, uma sociedade em que a necessidade da ação pública e da participação nos negócios públicos teria "definhado"[39] com o Estado. Por causa de uma curiosa timidez em questões teóricas, estranhamente contrastante com a sua vasta coragem na prática, o *slogan* da nova esquerda permaneceu em um estágio declamatório, a ser invocado antes de maneira inarticulada contra a democracia representativa ocidental (que está a ponto de perder até mesmo sua função meramente representativa para as imensas máquinas que "representam" não os filiados, mas seus funcionários) e contra as burocracias de partido único do Leste, que excluem a participação por princípio.

---

39 Parece que uma inconsistência similar poderia ser atribuída a Marx e Lênin. Marx não glorificara a Comuna de Paris, de 1871, e Lênin não queria conferir "todo o poder aos sovietes"? Mas, para Marx, a Comuna não era mais do que um órgão transitório da ação revolucionária, "uma alavanca para arrancar da terra as fundações econômicas [...] do domínio de classe", e que Engels, com correção, identificou com a igualmente transitória "ditadura do proletariado" (ver *The Civil War in France, in* K. Marx e F. Engels, *Selected Works*, Londres, 1950, vol. 1, p. 474 e 440, respectivamente). O caso de Lênin é mais complicado. Todavia, foi Lênin quem enfraqueceu os sovietes e concedeu todo o poder ao partido.

HANNAH ARENDT

Ainda mais surpreendente com relação a essa estranha lealdade ao passado é a aparente inconsciência da nova esquerda a respeito da extensão em que o caráter moral da rebelião – agora fato amplamente aceito[40] – conflita com sua retórica marxista.

Nada é de fato mais chocante sobre esse movimento do que seu desprendimento. Peter Steinfels, em um excelente artigo sobre a "Revolução Francesa de 1968", no *Commonweal* (26 de julho de 1968), estava absolutamente certo quando escreveu: "Péguy poderia ter sido um patrono apropriado para a revolução cultural, com seu desprezo tardio pelo mandarinato da Sorbonne e sua fórmula 'A Revolução Social será moral ou não existirá'." Certamente, todo movimento revolucionário tem sido conduzido pelos abnegados, motivados pela compaixão ou por uma paixão pela justiça, e isso, naturalmente, também é verdadeiro para Marx e Lênin. Porém, como o sabemos, Marx havia quase efetivamente banido essas "emoções" – se hoje o sistema despreza argumentos morais como "emocionalismo", está muito mais próximo da ideologia marxista do que os rebeldes – e resolveu o problema da "ausência de interesse" dos líderes com a noção de que eles eram a vanguarda da humanidade,

---

40 "A sua ideia revolucionária", como afirma Spender (*op. cit.*, p. 114), "é uma paixão moral". Noam Chomsky (*op. cit.*, p. 368) cita fatos: "A realidade é que a maior parte dos mil certificados de recrutamento e outros documentos enviados ao Departamento de Justiça em 20 de outubro (1967) veio de homens que poderiam escapar ao serviço militar, mas que insistiam em compartilhar o destino dos menos privilegiados." O mesmo era verdadeiro para toda manifestação de resistência à convocação e *sit-ins* nas universidades e escolas. A situação em outros países é similar. A revista *Der Spiegel* descreve, por exemplo, as condições frustrantes e frequentemente humilhantes dos assistentes de pesquisa na Alemanha: "*Angesichts dieser Verhältnisse nimmt es geradezu wunder, dass die Assistenten nicht in der vordersten Front der Radikalen stehen*" [Em face dessas situações, é justamente de espantar que os assistentes não estejam na dianteira do combate com os radicais] (23 de junho de 1969, p. 58). É sempre a mesma história: os grupos de interesse não se juntam aos rebeldes.

incorporando o interesse último da história humana.[41] Todavia, primeiramente eles também tinham que esposar os interesses não especulativos e realista da classe operária e identificar-se com ela; apenas isso lhes dava um solo firme fora da sociedade. E isso é precisamente o que falta aos modernos rebeldes desde o começo, sendo incapazes de encontrar aliados para além das universidades, apesar de sua busca desesperada por eles. A hostilidade dos trabalhadores em todos os países é um dado a ser registrado,[42] e, nos Estados Unidos, o colapso absoluto de qualquer colaboração com o movimento *Black Power* – cujos estudantes estão mais firmemente enraizados em sua própria comunidade e, portanto, em melhor posição de barganha nas universidades – foi o mais amargo desapontamento para os rebeldes brancos. (Se os integrantes do *Black Power* foram sábios em sua recusa de representar o papel de proletariado para líderes "abnegados" de uma cor diferente é outra questão.) Não surpreendentemente, é na Alemanha, a velha pátria do movimento jovem, que um grupo de estudantes agora propõe alistar "todos os grupos organizados de jovens" em suas fileiras.[43] É óbvio o absurdo dessa proposta.

Não estou segura a respeito do que venha a ser a resposta a essas incongruências; mas suspeito que a razão profunda para essa lealdade em relação a uma doutrina típica do século XIX tenha algo a ver com o conceito de progresso, com uma relutância a dispensar uma noção que costumava unir liberalismo, socialismo e comunismo à "esquerda", mas que jamais alcançara o grau de plausibilidade e de sofisticação encontrado nos escritos de Karl Marx. (A inconsistência sempre foi o calcanhar

---

41 Ver Apêndice X, p. 110.

42 A Tchecoslováquia parece ser uma exceção. Contudo, o movimento reformista pelo qual lutaram os estudantes nas primeiras fileiras fora sustentado por toda a nação, sem distinções de classe. Falando de uma perspectiva marxista, ali, e provavelmente em todos os países do Leste, os estudantes têm demasiado apoio da comunidade, e não um apoio reduzido, para ajustarem-se ao modelo marxista.

43 Ver a entrevista da *Spiegel* com Christoph Ehmann, *Der Spiegel*, 10 de fevereiro de 1969.

de aquiles do pensamento liberal, que combinou uma lealdade inabalável ao progresso com uma recusa não menos rigorosa a glorificar a história em termos hegelianos e marxistas, e apenas isso poderia justificar e garantir o progresso.)

A noção de que haja algo tal qual o progresso da humanidade como um todo era desconhecida antes do século XVII; tornou-se uma opinião bastante comum entre os *hommes de lettres* do século XVIII e então veio a ser um dogma quase universalmente aceito no XIX. Mas a diferença entre as primeiras noções e o seu estágio final é decisiva. O século XVII, e a esse respeito ele é mais bem representado por Pascal e Fontenelle, pensava o progresso em termos de uma acumulação do conhecimento ao longo dos séculos, enquanto para o século XVIII a palavra implicava uma "educação da humanidade" (a *Erziehung des Menschengeschlechts* de Lessing), cujo fim coincidiria com a era da maioridade do homem. O progresso não era ilimitado, e a sociedade sem classes de Marx, vista como o reino da liberdade que poderia ser o fim da história – frequentemente interpretada como uma secularização da escatologia cristã ou do messianismo judaico –, de fato ainda sustenta a insígnia da Era do Iluminismo. Iniciando-se o século XIX, entretanto, todas as limitações desapareceram. Agora, nas palavras de Proudhon, o movimento é *"le fait primitif"*[44] e as "leis do movimento são as únicas eternas". Esse movimento não tem começo nem fim: *"Le mouvement est; voilà tout!"*[45] Do homem, tudo o que podemos dizer é que "nascemos capazes de aperfeiçoamento, mas jamais seremos perfeitos".[46] A ideia de Marx, tomada de empréstimo a Hegel, de que cada velha sociedade traz consigo as sementes de sua sucessora, do mesmo modo como todo organismo vivo

---

44 "O fato primitivo." [*N. do T.*]

45 "O movimento é; eis aí tudo." [*N. do T.*]

46 P.-J. Proudhon, *Philosophie du Progrès* (1853), 1946, pp. 27-30, 49; e *De la Justice* (1858), 1930, I, p. 238, respectivamente. Ver também William H. Harbold, "Progressive Humanity: in the Philosophy of P.-J. Proudhon", *Review of Politics*, janeiro de 1969.

traz consigo as sementes de sua descendência, é realmente não apenas a mais engenhosa, como também a única garantia conceitual possível para a eterna continuidade do progresso na história; e, posto que o movimento desse progresso deve advir do confronto de forças antagônicas, é possível interpretar cada "retrocesso" como um recuo necessário, mas apenas temporário.

Com certeza, uma garantia que, em última análise, apoia-se em nada mais do que uma metáfora não é a base mais sólida para erigir uma teoria, mas isso, infelizmente, o marxismo compartilha com muitas outras doutrinas na filosofia. Sua grande vantagem se torna clara tão logo a comparamos com outros conceitos de história – tais como o "eterno retorno", a ascensão e a queda dos impérios, a sequência fortuita de eventos essencialmente desconexos –, os quais podem ser igualmente documentados e justificados, mas sem que nenhum deles possa garantir a continuidade de um tempo linear e o progresso contínuo na história. E o único concorrente no ramo, a antiga noção de uma Época de Ouro nos primórdios, a partir da qual tudo o mais é derivado, implica por sua vez a desagradável certeza de um declínio contínuo. Por certo, há alguns poucos efeitos colaterais melancólicos na ideia tranquilizante de que precisamos apenas marchar para o futuro, o que de todo modo não nos é dado evitar, a fim de encontrarmos um mundo melhor. Em primeiro lugar, há o simples fato de que o futuro geral da humanidade nada tem a oferecer para a vida individual, cuja única certeza futura é a morte. E, se deixamos isso de lado e pensamos apenas em generalidades, há então o óbvio argumento contra o progresso, segundo o qual, nas palavras de Herzen, "o desenvolvimento humano é uma forma de injustiça cronológica, pois aqueles que vieram depois estão aptos a desfrutar o trabalho de seus predecessores sem pagar o mesmo preço",[47] ou, nas palavras de

---

47 Alexander Herzen é citado aqui a partir da "Introdução" de Isaiah Berlin ao livro de Franco Venturi, *Roots of Revolutions*, Nova York, 1966.

Kant, "será sempre desconcertante [...] que as gerações precedentes pareçam carregar seu fardo de ocupações apenas para o bem das que virão [...] e que apenas as últimas devam ter a sorte de habitar a construção [completa]".[48]

Contudo, essas desvantagens que apenas raramente foram notadas são mais do que sobrepujadas por uma enorme vantagem: o progresso não apenas explica o passado sem quebrar a continuidade temporal, mas também pode servir como um guia para agir no futuro. Isso é o que Marx descobriu quando pôs Hegel de cabeça para baixo: ele mudou a direção do vislumbre do historiador; em vez de olhar para o passado, ele agora poderia olhar confiantemente para o futuro. O progresso confere uma resposta à perturbadora questão: "E o que faremos agora?" A resposta, em seu grau mais primário, é a seguinte: vamos desenvolver o que já temos em algo melhor, maior etc. (A fé dos liberais no crescimento, à primeira vista irracional e tão característica a todas as nossas teorias políticas e econômicas atuais, depende dessa noção.) No grau mais sofisticado da esquerda, a resposta nos diz para desenvolver as contradições presentes até a sua síntese inerente. Em cada um dos casos, estamos seguros de que nada absolutamente novo e totalmente inesperado pode acontecer, nada senão os resultados "necessários" daquilo que já sabíamos.[49] Quão reconfortante é o dito de Hegel: "Nada mais advirá senão aquilo que já estava aí."[50] Não preciso acrescentar que todas as nossas experiências neste século,[51] que sempre nos confrontou com o totalmente inesperado, estão em flagrante contradição com essas noções e doutrinas, cuja pró-

---

48 "Idea for a Universal History with Cosmopolitan Intent", Terceira Tese, *in The Philosophy of Kant*, edição da Modern Library.

49 Para uma excelente discussão das óbvias falácias dessa posição, ver Robert A. Nisbet, "The Year 2000 and All That", *Commentary*, junho de 1968, e as mal-humoradas observações críticas no exemplar de setembro.

50 Hegel, *op. cit.*, p. 100 e seguintes.

51 Século XX. [*N. do T.*]

pria popularidade parece consistir em que elas oferecem um refúgio confortável, especulativo ou pseudocientífico em relação à realidade. Uma rebelião estudantil quase exclusivamente inspirada em considerações morais decerto pertence àqueles eventos totalmente inesperados desse século. Essa geração, instruída como a sua precedente em quase nada senão em vários tipos de teoria social e política tendenciosos, ensinou-nos uma lição acerca da manipulação ou, antes, de seus limites, que faríamos bem em não esquecer. Os homens podem ser "manipulados" por meio da coerção física, da tortura ou da fome, e suas opiniões podem formar-se arbitrariamente em função da informação deliberada e organizadamente falsa, mas não por meio de "persuasores ocultos", tais como a televisão, a propaganda ou quaisquer outros meios psicológicos em uma sociedade livre. Infelizmente, a refutação da teoria pela prática tem sido sempre, no melhor dos casos, uma tarefa precária e de longo prazo. Os viciados na manipulação, aqueles que a temem não menos indevidamente que aqueles que depositam sua esperança nela, dificilmente percebem a realidade das coisas. (Um dos melhores exemplos de teorias levadas às raias do absurdo aconteceu durante o recente incidente do "Parque do Povo", em Berkeley. Quando a polícia e a Guarda Nacional atacaram os estudantes desarmados com rifles, baionetas desembainhadas e bombas de gás lançadas de helicópteros – poucos estudantes "haviam arremetido algo mais perigoso do que palavras de ordem" –, alguns dos policiais confraternizaram-se abertamente com seus "inimigos" e um deles depôs suas armas e gritou: "Não aguento mais isto." O que aconteceu? Na época esclarecida em que vivemos isso só poderia ter sido explicado pela insanidade – "ele foi conduzido a um exame psiquiátrico e diagnosticado como sofrendo de 'agressividade reprimida'".)[52]

---

52 O incidente é relatado sem comentários por Wolin e Schaar, *op. cit.* Ver também o relato de Peter Barnes: "'An Outcry': Thoughts on Being Tear Gassed", *Newsweek*, 2 de junho de 1969.

O progresso, por certo, é um dos artigos mais sérios e complexos encontrados no mercado de superstições de nosso tempo.[53] A crença irracional do século XIX no progresso *ilimitado* encontrou aceitação universal principalmente por causa do surpreendente desenvolvimento das ciências naturais, as quais, desde o surgimento da época moderna, têm sido ciências "universais" e, portanto, poderiam ansiar por uma tarefa infinita na exploração da imensidão do universo. Que a ciência, muito embora não mais limitada pela finitude da terra e sua natureza, devesse estar sujeita ao progresso infinito, não é de modo algum exato; que a pesquisa estritamente científica nas humanidades, as assim chamadas *Geisteswissenschaften*, que lidam com os produtos do espírito humano, deve chegar por definição a um fim, é óbvio. A infindável e insensata demanda por pesquisas originais em um número de campos em que apenas a erudição é agora possível conduziu tanto à pura irrelevância – o famoso saber mais e mais sobre cada vez menos – quanto ao desenvolvimento de uma pseudoespecialização que, na verdade, destrói o seu objeto.[54] É notável que a rebelião dos jovens, na medida em que não é motivada apenas política ou moralmente, tenha se dirigido em especial contra a glorificação acadêmica da especialização e da ciência, as quais, embora por questões distintas, estão gravemente comprometidas a seus olhos. E é verdade que não é de modo algum impossível que tenhamos atingido, em ambos os casos, um ponto decisivo – o ponto dos resultados destrutivos. Não apenas o progresso da ciência deixou de coincidir com o

---

53 Spender (*op. cit.*, p. 45) relata que os estudantes franceses durante os incidentes de maio em Paris "recusaram categoricamente a ideologia dos 'rendimentos' [*rendement*], do 'progresso' e as chamadas pseudoforças". Nos Estados Unidos, esse ainda não é o caso no que concerne ao progresso. Ainda estamos rodeados de falas a respeito de forças "progressivas" e "regressivas", tolerância "repressiva" e "progressiva" e coisas do gênero.

54 Para uma esplêndida exemplificação desses empreendimentos não apenas supérfluos, mas também perniciosos, ver Edmund Wilson, *The Fruits of the MLA*, Nova York, 1968.

progresso da humanidade (o que quer que isso signifique), mas também até poderia disseminar o fim da humanidade, tanto quanto o progresso ulterior da especialização bem pode levar à destruição de tudo o que antes a tornara válida. Em outras palavras, o progresso não mais serve como o padrão por meio do qual avaliamos os processos de mudança desastrosamente rápidos que desencadeamos.

Visto estarmos aqui preocupados em primeiro lugar com a violência, devo advertir contra um equívoco tentador. Se considerarmos a história em termos de um processo cronológico contínuo, cujo progresso é ademais inevitável, a violência sob as formas da guerra e da revolução pode parecer constituir a única interrupção possível. Se isso fosse verdadeiro, se apenas a prática da violência fosse capaz de interromper processos automáticos na esfera dos assuntos humanos, os apologistas da violência teriam ganho um ponto importante. (Teoricamente, tanto quanto eu saiba, esse ponto nunca foi ganho, mas parece-me incontestável que as atividades estudantis disruptivas nos últimos anos se baseiam de fato nessa convicção.) Entretanto, é função de toda ação, como distinta do mero comportamento, interromper o que, de outro modo, teria acontecido automaticamente, tornando-se portanto previsível.

Capítulo 2

É contra o cenário dessas experiências que proponho analisar a questão da violência no âmbito da política. Isso não é fácil. O que Sorel observou há sessenta anos, que "os problemas da violência permanecem muito obscuros",[1] ainda é tão verdadeiro hoje como antes. Mencionei a relutância geral em tratar a violência como um fenômeno em si mesmo e devo agora qualificar essa afirmação. Se nos voltamos para as discussões do fenômeno do poder, rapidamente percebemos existir um consenso entre os teóricos da política, da esquerda à direita, no sentido de que a violência é tão somente a mais flagrante manifestação do poder. "Toda política é uma luta pelo poder; a forma definitiva do poder é a violência", disse C. Wright Mills, fazendo eco, por assim dizer, à definição de Max Weber, do Estado como "o domínio do homem pelo homem baseado nos meios da violência legítima, quer dizer, supostamente legítima".[2] O consenso é

---

1 Georges Sorel, "Introduction to the First Publication" (1906), *Reflections on Violence*, Nova York, 1961, p. 60.

2 *The Power Elite*, Nova York, 1956, p. 171; Max Weber no primeiro parágrafo de *Politics as a Vocation* (1921). Weber parece ter sido consciente de sua concordância com a esquerda. No contexto, ele cita a observação de Trotsky em Brest-Litovsk – "todo Estado baseia-se na violência" – e acrescenta: "Isto é de fato verdadeiro."

HANNAH ARENDT

muito estranho, pois equacionar o poder político com a "organização dos meios da violência" só faz sentido se seguirmos a consideração de Marx, para quem o Estado era um instrumento de opressão nas mãos da classe dominante. Voltemo-nos, portanto, para autores que não acreditam que o corpo político e suas leis sejam superestruturas meramente coercitivas, manifestações secundárias de algumas forças subjacentes. Voltemo-nos, por exemplo, para Bertrand de Jouvenel, cujo livro, *Poder*, é talvez o tratado recente de mais prestígio e, de qualquer maneira, o mais interessante a esse respeito. Escreve ele: "Para aquele que contempla o desenrolar das eras, a guerra se apresenta como uma atividade que diz respeito à essência dos Estados."[3] Isso nos leva a perguntar se o fim da guerra não significaria o fim dos Estados. O desaparecimento da violência nas relações entre os Estados significaria o fim do poder?

Ao que parece, a resposta dependerá do que compreendemos como poder. E o poder, ao que tudo indica, é um instrumento de domínio,[4] enquanto o domínio, assim nos é dito, deve a sua existência a um "instinto de dominação".[5] Lembramo-nos imediatamente do que Sartre disse a respeito da violência quando lemos em Jouvenel que "um homem sente-se mais homem quando se impõe e faz dos outros um instrumento de sua vontade", o que lhe dá um "prazer incomparável".[6] "O poder", disse Voltaire, "consiste em fazer com que os outros ajam conforme eu escolho"; ele está presente onde quer que eu tenha a oportunidade de "afirmar minha própria vontade contra a resistência" dos outros, disse Max Weber, lembrando-nos da definição de Clausewitz, da guerra como "um ato de violência a fim de compelir o oponente a fazer o que desejamos". A palavra, nos é dito por Strausz-Hupé, significa "o poder do

---

3 *Power: The Natural History of its Growth* (1945), Londres, 1952, p. 122.

4 No original, *rule*. [*N. do T.*]

5 *Ibidem*, p. 93.

6 *Ibidem*, p. 110.

homem sobre o homem".[7] De volta a Jouvenel: "Comandar e obedecer, sem isto não há poder – e, com isto, nenhum outro atributo é necessário para que ele exista. [...] Aquilo sem o que não há poder: essa essência é o comandar."[8] Se a essência do poder é a efetividade do comando, então não há maior poder do que aquele emergente do cano de uma arma e seria difícil dizer "em que medida a ordem dada por um policial é diferente daquela dada por um pistoleiro". (Citei o importante livro de Alexander Passerin d'Entrèves, *A noção do Estado*, o único autor que conheço que está consciente da importância de distinguir violência e poder. "Temos de decidir se, e em que sentido, o 'poder' pode ser distinguido da 'força', a fim de descobrir como o fato de usar a força de acordo com a lei muda a qualidade da própria força e apresenta-nos um quadro inteiramente diferente das relações humanas", posto que a "força, pelo próprio fato de ser qualificada, deixa de ser força". Mas mesmo essa distinção, de longe a mais sofisticada e arguta na literatura, não vai ao cerne da questão. O poder, no entendimento de Passerin d'Entrèves, é uma "força qualificada" ou "institucionalizada". Em outras palavras, enquanto os autores anteriormente citados definem a violência como a mais flagrante manifestação do poder, Passerin d'Entrèves define o poder como uma

---

7 Ver Karl von Clausewitz, *On War* (1832), Nova York, 1943, cap. 1; Robert Strausz--Hupé, *Power and Comunity*, Nova York, 1956, p. 4; a citação de Max Weber: *"Macht bedeutet jede Chance, innerhalb einer sozialen Beziehung den eigenen Willen auch gegen Widerstand durchzusetzen"*, [O poder significa cada oportunidade para impor a própria vontade, inclusive contra qualquer resistência] foi tirada de Strausz-Hupé.

8 Escolhi os exemplos por acaso, pois pouco importa o autor ao qual recorremos. Apenas ocasionalmente escutamos uma voz discordante. Assim, R.M. McIver afirma: "O poder coercitivo é um critério do Estado, mas não a sua essência. [...] É verdade que não há Estado onde não há uma força esmagadora. [...] Mas o exercício da força não constitui um Estado" (*The Modern State*, Londres, 1926, p. 222-225). A força dessa tradição pode ser vista na tentativa de Rousseau de escapar a ela. Procurando por um governo sem domínio, ele não encontra nada melhor do que *"une forme d'association [...] par laquelle chacun s'unissant à tous n'obéisse pourtant qu'à lui même"* [uma forma de associação... por meio da qual cada um, unindo-se a todos, obedeça apenas a si mesmo]. A ênfase na obediência e, portanto, no comando não foi alterada.

forma de violência mitigada. Em última análise, isso vem a ser o mesmo.)[9] Será que todos, da direita à esquerda, de Bertrand de Jouvenel a Mao Tsé-tung, deveriam concordar a respeito de um aspecto tão básico da filosofia política quanto a natureza do poder?

Em termos de nossas tradições do pensamento político, essas definições têm muito que recomendá-las. Elas não apenas derivam da velha noção do poder absoluto, que acompanhou o surgimento do Estado-nação europeu soberano e cujos primeiros e maiores porta-vozes foram Jean Bodin, na França do século XVI, e Thomas Hobbes, na Inglaterra do século XVII, mas também coincidem com os termos usados desde a Antiguidade grega para definir as formas de governo como o domínio do homem pelo homem – de um ou da minoria na monarquia e na oligarquia; dos melhores ou da maioria na aristocracia e na democracia. Hoje poderíamos acrescentar a última e talvez a mais formidável forma de tal dominação: a burocracia, ou o domínio de um sistema intrincado de departamentos nos quais nenhum homem, nem um único nem os melhores, nem a minoria nem a maioria, pode ser tomado como responsável e que deveria mais propriamente chamar-se domínio de Ninguém. (Se, de acordo com o pensamento político tradicional, identificarmos a tirania com o governo que não presta contas a respeito de si mesmo, então o domínio de Ninguém é claramente o mais tirânico de todos, pois aí não há a quem se possa questionar para que responda pelo que está sendo feito. É esse estado de coisas, que torna impossíveis a localização da responsabilidade e a identificação do inimigo, que está entre as mais potentes causas da rebelde inquietude espraiada pelo mundo de hoje, da sua natureza caótica, bem como da sua perigosa tendência para escapar ao controle e agir desesperadamente.)

---

9 *The Notion of the State: An Introduction to Political Theory* foi publicado originariamente na Itália, em 1962. A versão inglesa não é apenas uma tradução; escrita pelo próprio autor, é a edição definitiva e apareceu em Oxford em 1967. Para as citações, ver pp. 64, 70 e 105.

CAPÍTULO 2

Mais ainda, esse antigo vocabulário foi estranhamente confirmado e reforçado pelo acréscimo da tradição judaico-cristã e sua "concepção imperativa da lei". Esse conceito não foi inventado pelos "realistas políticos", sendo antes o resultado de uma generalização muito anterior e quase automática dos "Mandamentos" de Deus, de acordo com a qual "a simples relação de comando e obediência" já era de fato suficiente para identificar a essência da lei.[10] Finalmente, convicções científicas e filosóficas mais modernas acerca da natureza do homem fortaleceram ainda mais essas tradições legais e políticas. As várias descobertas recentes de um instinto de dominação e de uma agressividade inatos ao animal humano foram precedidas por afirmações filosóficas muito similares. De acordo com John Stuart Mill, "a primeira lição da civilização [é] aquela da obediência", e ele fala dos "dois estados das inclinações [...], um, o desejo de exercer poder sobre os outros; o outro, a falta de inclinação para sofrer o exercício do poder".[11] Se déssemos crédito às nossas próprias experiências nesses assuntos, deveríamos saber que o instinto de submissão, um ardente desejo de obedecer e de ser dominado por alguns homens fortes, é ao menos tão proeminente na psicologia humana quanto a vontade de poder, e, politicamente, talvez mais relevante. O velho adágio "como está apto ao poder aquele que sabe obedecer", do qual algumas versões parecem ter sido conhecidas em todos os séculos e nações,[12] bem pode apontar para uma verdade psicológica: isto é, que a vontade de poder e a vontade de obedecer estão interligadas. "A submissão imediata à tirania", para citar Mill mais uma vez, não é de forma alguma causada sempre pela "passividade extrema". Inversamente, a ausência de inclinação para obedecer frequentemente faz-se

---

10 *Ibidem*, p. 129.

11 *Considerations on Representative Government* (1861), Liberal Arts Library, p. 59 e 65.

12 John M. Wallace, *Destiny his Choice: The Loyalism of Andrew Marvell*, Cambridge, 1968, p. 88-89. Devo essa referência à atenção gentil de Gregory DesJardins.

acompanhar de uma ausência de inclinação também bastante forte para dominar e comandar. Falando historicamente, a antiga instituição da economia escrava seria incompreensível nas bases da psicologia de Mill. Sua finalidade expressa era liberar os cidadãos do fardo dos afazeres domésticos e permitir que adentrassem a vida pública da comunidade em que todos eram iguais; se fosse verdade que nada é mais doce do que dar ordens e dominar os outros, o senhor jamais teria abandonado seu lar.

Contudo, existe ainda outra tradição e outro vocabulário não menos antigos e honrados. Quando a cidade-Estado ateniense denominou sua Constituição uma isonomia, ou quando os romanos falaram de uma *civitas* como a sua forma de governo, tinham em mente um conceito de poder e de lei cuja essência não se assentava na relação de mando-obediência e que não identificava poder e domínio ou lei e mando. Foi para esses exemplos que os homens das revoluções do século XVIII se voltaram quando vasculharam os arquivos da Antiguidade e constituíram uma forma de governo, uma república, em que o domínio da lei, assentado no poder do povo, poria fim ao domínio do homem sobre o homem, o qual eles pensavam ser um governo "próprio a escravos". Também eles, infelizmente, ainda falavam em obediência — obediência às leis, em vez de aos homens; mas o que eles de fato queriam dizer era apoio às leis para as quais os cidadãos haviam dado seu consentimento.[13] Tal apoio nunca é inquestionável, e no que concerne à confiabilidade ele não pode alcançar a "obediência inquestionável" que, de fato, um ato de violência pode impor – a obediência com a qual pode contar todo criminoso quando me arrebata a carteira com a ajuda de uma faca ou rouba um banco com a ajuda de uma arma. É o apoio do povo que confere poder às instituições de um país, e esse apoio não é mais do que a continuação do consentimento que trouxe as leis à existência. Sob condições de um governo representativo, supõe-se que o povo domina aqueles que o go-

---

13 Ver Apêndice XI, p. 110.

vernam. Todas as instituições políticas são manifestações e materializações do poder; elas se petrificam e decaem tão logo o poder vivo do povo deixa de sustentá-las. Isso é o que Madison queria dizer quando afirmou que "todos os governos se assentam na opinião", frase tão verdadeira para as várias formas de monarquia quanto para as democracias. (Supor que a maioria controla as funções apenas na democracia é uma ilusão fantástica, como observa Jouvenel: "O rei, que não é mais do que um indivíduo solitário, depende muito mais do apoio geral da sociedade do que em qualquer outra forma de governo."[14] Mesmo o tirano, o Um que governa contra todos, precisa de ajudantes na tarefa da violência, ainda que seu número possa ser restrito.) Entretanto, o vigor da opinião, quer dizer, o poder do governo, depende de números; ele reside "na proporção do número ao qual é associado",[15] e a tirania, como descobriu Montesquieu, é portanto a mais violenta e menos poderosa das formas de governo. De fato, uma das mais óbvias distinções entre poder e violência é que o poder sempre depende dos números, enquanto a violência, até certo ponto, pode operar sem eles, porque se assenta em implementos. Um domínio legalmente irrestrito da maioria, uma democracia sem Constituição, pode ser muito formidável na supressão dos direitos das minorias e muito efetivo em sufocar o dissenso sem qualquer uso da violência. Mas isso não significa que violência e poder sejam o mesmo.

A forma extrema de poder é Todos contra Um; a forma extrema da violência é Um contra Todos. E essa última nunca é possível sem instrumentos. É portanto bastante enganoso sustentar, como tem sido feito com frequência, que uma ínfima minoria desarmada interrompeu com sucesso, por meio da violência – gritando, tumultuando etc. –, amplas salas de aula, cuja maioria esmagadora votara pelos procedimentos normais de ensino. (Em caso recente em uma universidade alemã, houve

---

14 *Op. cit.*, p. 98.
15 *The Federalist*, nº 49.

mesmo um solitário "dissidente" entre muitas centenas de estudantes que poderiam reivindicar essa estranha vitória.) O que de fato acontece nesses casos é algo muito mais sério: a maioria claramente se recusa a usar o poder para subjugar os desordeiros; os processos acadêmicos se interrompem porque ninguém está disposto a levantar mais do que um dedo e votar pelo *statu quo*. Aquilo a que as universidades se opõem é a "imensa unidade negativa" da qual fala Stephen Spender em outro contexto. Tudo isso prova apenas que uma minoria pode ter um poder potencial muito maior do que se esperaria contando votos em pesquisas de opinião pública. A maioria meramente observadora, entretida com o espetáculo da gritaria entre os estudantes e o professor, já é de fato aliada latente da minoria. (Bastaria imaginar o que teria acontecido se um ou poucos estudantes judeus desarmados, na Alemanha pré-Hitler, tentassem interromper a aula de um professor antissemita para compreender o absurdo das falas acerca das pequenas "minorias de militantes".)

Penso ser um triste reflexo do atual estado da ciência política que nossa terminologia não distinga entre palavras-chave tais como "poder", "vigor", "força", "autoridade" e, por fim, "violência" — as quais se referem a fenômenos distintos e diferentes e que dificilmente existiriam se assim não fosse. (Nas palavras de d'Entrèves, "'força', 'poder' e 'autoridade' são palavras a cujas exatas implicações não se conferem muito peso na conversação corrente; mesmo os maiores pensadores por vezes as utilizam aleatoriamente. Todavia, é justo presumir que elas se refiram a diferentes qualidades, e, portanto, seu significado deveria ser cuidadosamente avaliado e examinado. [...] O uso correto dessas noções não é apenas questão de gramática lógica, mas de perspectiva histórica".)[16] Utilizá-las como sinô-

---

16 *Op. cit.*, p. 7. Cf. também p. 171, na qual, discutindo o sentido exato das palavras "nação" e "nacionalidade", ele insiste corretamente em que "os únicos guias competentes na selva de significados tão diferentes são os linguistas e os historiadores. É ao seu auxílio que devemos recorrer". E, ao distinguir autoridade e poder, volta-se para o dito de Cícero: *potesta in populo, auctoritas in Senatu*.

nimos indica não apenas uma certa surdez aos significados linguísticos, o que já seria grave em demasia, mas também resulta em uma certa cegueira às realidades a que eles correspondem. Em tal situação é sempre tentador introduzir novas definições, porém – muito embora eu vá ceder à tentação brevemente – o que está em jogo aqui não é apenas uma questão de linguagem imprecisa. Por trás da aparente confusão subjaz a firme convicção à luz da qual todas as distinções seriam, no melhor dos casos, de pouca importância: a convicção de que o tema político mais crucial é, e sempre foi, a questão sobre "quem domina quem". "Poder", "vigor", "força", "autoridade" e "violência" seriam simples palavras para indicar os meios em função dos quais o homem domina o homem; são tomadas por sinônimos porque têm a mesma função. Somente quando os assuntos públicos deixam de ser reduzidos à questão do domínio é que as informações originais no âmbito dos assuntos humanos aparecem, ou, antes, reaparecem, em sua autêntica diversidade.

Essas informações, em nosso contexto, podem ser enumeradas como se segue:

O *poder* corresponde à habilidade humana não apenas para agir, mas também para agir em concerto. O poder nunca é propriedade de um indivíduo; pertence a um grupo e permanece em existência apenas enquanto o grupo se conserva unido. Quando dizemos que alguém está "no poder", na realidade nos referimos ao fato de que ele foi empossado por um certo número de pessoas para agir em seu nome. A partir do momento em que o grupo do qual se originara o poder desde o começo (*potestas in populo*: sem um povo ou grupo não há poder) desaparece, "seu poder" também se esvanece. Em seu uso corrente, quando falamos de um "homem poderoso" ou de uma "personalidade poderosa", já usamos a palavra "poder" metaforicamente; aquilo a que nos referimos sem a metáfora é o "vigor".

O *vigor*, de modo inequívoco, designa algo no singular, uma entidade individual; é a propriedade inerente a um objeto ou pessoa e pertence ao seu caráter, podendo provar-se a si mesmo na relação com outras coisas ou pessoas, mas sendo essencialmente diferente delas. Mesmo o vigor do indivíduo mais forte sempre pode ser sobrepujado pelos muitos, que não raro entrarão em acordo para nenhum outro propósito senão o de arruinar o vigor, precisamente por causa de sua independência peculiar. A hostilidade quase instintiva dos muitos contra o único tem sido sempre atribuída, de Platão a Nietzsche, ao ressentimento, à inveja dos fracos aos fortes, mas essa interpretação psicológica não atinge o alvo. É da natureza de um grupo e de seu poder voltar-se contra a independência, a propriedade do vigor individual.

A *força*, que frequentemente empregamos no discurso cotidiano como um sinônimo da violência, especialmente se esta serve como um meio de coerção, deveria ser reservada, na linguagem terminológica, às "forças da natureza" ou à "força das circunstâncias" (*la force des choses*), isto é, deveria indicar a energia liberada por movimentos físicos ou sociais.

A *autoridade*, relacionada com o mais enganoso desses fenômenos e, portanto, um termo do qual se abusa com frequência,[17] pode ser investida em pessoas – há algo como a autoridade pessoal, por exemplo, na relação entre a criança e seus pais, entre aluno e professor —, ou pode ser investida em cargos como, por exemplo, no Senado romano (*auctoritas in Senatu*); ou ainda em postos hierárquicos da Igreja (um padre pode conceder a absolvição mesmo bêbado). Sua insígnia é o reconhecimento inquestionável daqueles a quem se pede que obedeçam; nem a coerção nem a persuasão são necessárias. (Um pai pode perder a autoridade tan-

---

17 Há algo como um governo autoritário, mas ele certamente nada tem a ver com a tirania, a ditadura ou o domínio totalitário. Para uma discussão do cenário histórico e da significação política do termo, ver o meu "What is Authority?", *in Between Past and Future: Exercises in Political Thought*, Nova York, 1968 ["Que é Autoridade?", *in Entre o passado e o futuro*, São Paulo, Perspectiva, 1979], e a Parte I do valioso estudo de Karl-Heinz Lübke, *Auctoritas bei Augustin*, Stuttgart, 1968, com extensa bibliografia.

to ao bater em seu filho quanto ao discutir com ele, ou seja, tanto se comportando em relação a ele como um tirano quanto o tratando como igual.) Conservar a autoridade requer respeito pela pessoa ou pelo cargo. O maior inimigo da autoridade é, portanto, o desprezo, e o mais seguro meio para miná-la é a risada.[18]

Finalmente, a *violência*, como eu disse, distingue-se por seu caráter instrumental. Fenomenologicamente, ela está próxima do vigor, posto que os implementos da violência, como todas as outras ferramentas, são planejados e usados com o propósito de multiplicar o vigor natural até que, em seu último estágio de desenvolvimento, possam substituí-lo.

Talvez não seja supérfluo acrescentar que essas distinções, embora de forma nenhuma arbitrárias, dificilmente correspondem a compartimentos estanques no mundo real, do qual, entretanto, são extraídas. Assim, o poder institucionalizado em comunidades organizadas frequentemente aparece sob a forma da autoridade, exigindo reconhecimento instantâneo e inquestionável; nenhuma sociedade poderia funcionar sem isso. (Um incidente pequeno e isolado em Nova York

---

18 Wolin e Schaar, *op. cit.*, estão totalmente certos: "As regras estão sendo quebradas porque as autoridades universitárias, administradores e docentes perderam o respeito de muitos dos estudantes." Eles então concluem: "Quando a autoridade acaba, entra o poder." Isso também é certo, mas temo que não exatamente nesse sentido. O que entrou primeiro em Berkeley foi o poder dos estudantes, obviamente o maior poder em todo o *campus* por causa do número superior de estudantes. Foi com o intuito de quebrar esse poder que as autoridades recorreram à violência, e é precisamente porque a universidade é uma instituição baseada na autoridade e, portanto, dependente de respeito, que parece ser tão difícil lidar com o poder em termos não violentos. Hoje, a universidade chama a polícia para sua proteção como a Igreja Católica o fazia antes que a separação entre Estado e Igreja a obrigasse a apoiar-se apenas na autoridade. É talvez mais do que uma singularidade que a mais severa crise da Igreja como instituição tenha coincidido com a mais severa crise na história da universidade, a única instituição secular ainda fundada na autoridade. Ambas podem de fato ser atribuídas à "progressiva explosão do átomo 'obediência', cuja estabilidade supunha-se eterna", como o observou Heinrich Böll acerca da crise nas Igrejas. Ver "Es wird immer später", *in Antwort an Sacharow*, Zurique, 1969.

mostra o que pode acontecer se a autoridade autêntica nas relações sociais quebrar-se a ponto de não poder mais operar mesmo em sua forma derivativa e puramente funcional. Um pequeno defeito no sistema do metrô – as portas de um trem falharam em sua operação – transformou-se em um sério colapso em toda a linha, durando quatro horas e envolvendo mais de 50 mil passageiros, tudo porque, quando as autoridades do trânsito pediram aos passageiros que deixassem o trem defeituoso, eles simplesmente se recusaram a fazê-lo.)[19] Ademais, nada, como veremos, é mais comum do que a combinação de violência e poder, nada é menos frequente do que encontrá-los em sua forma pura e, portanto, extrema. Disso não se segue que autoridade, poder e violência sejam o mesmo.

Todavia, deve ser admitido que é particularmente tentador pensar o poder em termos de comando e obediência e assim equiparar poder e violência. Na discussão sobre aquilo que, de fato, é apenas um dos casos especiais do poder – isto é, o poder de governo. Visto que nas relações internacionais, tanto quanto nos assuntos domésticos, a violência aparece como o último recurso para conservar intacta a estrutura de poder contra contestadores individuais – o inimigo externo, o criminoso nativo –, de fato é como se a violência fosse o pré-requisito do poder, e o poder, nada mais do que uma fachada, a luva de pelica que ou esconde a mão de ferro ou mostrará ser um tigre de papel. Observando-se a questão mais de perto, entretanto, essa noção perde muito de sua plausibilidade. Para o nosso propósito, a lacuna existente entre a teoria e a realidade é talvez mais bem ilustrada pelo fenômeno da revolução.

Desde o começo do século, teóricos da revolução nos têm dito que as chances de revolução diminuíram significativamente, na proporção do aumento da capacidade destrutiva das armas à disposição única dos

---

19 Ver *The New York Times*, 4 de janeiro de 1969, pp. 1 e 29.

CAPÍTULO 2

governos.[20] A história dos últimos setenta anos, com seu extraordinário número de revoluções bem-sucedidas e malsucedidas, conta-nos algo diferente. Eram loucos aqueles que se levantaram contra uma disparidade tão esmagadora? E, deixando de lado os exemplos de sucesso absoluto, como explicar mesmo um sucesso temporário? O fato é que a lacuna entre os meios de violência possuídos pelo Estado e aquilo que o povo pode juntar por si mesmo – de garrafas de cerveja a coquetéis molotov e armas – sempre foi tão imensa que as melhorias técnicas dificilmente fazem qualquer diferença. Cartilhas sobre "como fazer uma revolução" em um passo a passo progressivo, da discordância à conspiração, da resistência ao levante armado, baseiam-se todas na noção enganosa de que as revoluções são "feitas". Em um conflito da violência contra a violência, a superioridade do governo tem sido sempre absoluta; mas essa superioridade dura apenas enquanto a estrutura de poder do governo está intacta – isto é, enquanto os comandos são obedecidos e as forças do exército ou da polícia estão prontas a usar suas armas. Quando esse não é mais o caso, a situação muda abruptamente. Não apenas a rebelião não é contida, mas também as próprias armas mudam de mãos – algumas vezes, como na Revolução Húngara, em poucas horas. (Devíamos saber isso após todos esses anos de luta inútil no Vietnã, onde por um longo tempo, antes de receber a ajuda maciça dos russos, a Frente de Libertação Nacional nos combateu

---

20 Assim, Franz Borkenau, refletindo sobre a derrota da revolução espanhola, afirma: "Nesse tremendo contraste com revoluções prévias um fato se reflete. Antes desses últimos anos, a contrarrevolução comumente dependia do apoio de poderes reacionários, os quais eram inferiores técnica e intelectualmente às forças da revolução. Isso mudou com o advento do fascismo. Agora, toda revolução provavelmente encontrará o ataque da maquinaria mais moderna, eficiente e impiedosa já em existência. Isso significa que a era das revoluções livres para evoluir de acordo com suas próprias leis acabou-se." Isso foi escrito há mais de trinta anos (*The Spanish Cockpit*, Londres, 1937; Ann Arbor, 1963, pp. 288-289) e é agora citado com a aprovação de Chomsky (*op. cit.*, p. 310). Ele crê que as intervenções americana e francesa na guerra civil no Vietnã provam o caráter acurado da predição de Borkenau, "com a substituição do 'fascismo' pelo 'imperialismo liberal'". Penso que esse exemplo está mais apto a provar o contrário.

com armas feitas nos Estados Unidos.) Apenas depois que isso aconteceu, quando a desintegração do governo no poder permitiu aos rebeldes armar-se, pôde-se falar de um "levante armado", o qual frequentemente não acontece ou acontece apenas quando não é mais necessário. Onde os comandos não são mais obedecidos, os meios da violência são inúteis e a questão dessa obediência não é decidida pela relação de mando e obediência, mas pela opinião e, por certo, pelo número daqueles que a compartilham. Tudo depende do poder por trás da violência. A ruptura súbita e dramática do poder que anuncia as revoluções revela em um instante quanto a obediência civil – às leis, aos governantes, às instituições – nada mais é do que a manifestação externa do apoio e do consentimento.

Onde o poder se desintegrou as revoluções são possíveis, mas não necessárias. Conhecemos vários exemplos em que se permitiu a regimes totalmente impotentes continuar a existir por longos períodos de tempo – tanto porque não houve ninguém para testar o seu vigor e revelar a sua fraqueza, quanto porque eles foram espertos o suficiente para não se engajar em guerras e sofrer a derrota. A desintegração frequentemente se torna manifesta apenas no confronto direto, e mesmo então, quando o poder jaz nas ruas, é preciso que um grupo de homens preparados para tal eventualidade tome-o e assuma a responsabilidade. Testemunhamos recentemente como não foi preciso mais do que uma rebelião de estudantes franceses, relativamente inofensiva e essencialmente não violenta, para revelar a vulnerabilidade de todo o sistema político, que logo se desintegrou ante os olhos espantados dos jovens rebeldes. Sem saber, eles o haviam testado; eles pretendiam apenas desafiar o engessado sistema universitário e veio abaixo o sistema governamental de poder com aquele das imensas burocracias partidárias – *"une sorte de désintégration de toutes les hiérarchies"* [uma espécie de desintegração de todas as hierarquias].[21] De acordo com os manuais, era o caso de uma situação

---

21 Raymond Aron, *La Révolution Introuvable*, 1968, p. 41.

revolucionária[22] que não se desenvolveu em uma revolução porque não havia ninguém, e menos ainda os estudantes, preparado para agarrar o poder e a responsabilidade que o acompanha. Ninguém, exceto De Gaulle, é claro. Nada foi mais característico a respeito da seriedade da situação do que seu apelo ao exército, sua viagem para ver Massu e os generais na Alemanha, o passeio a Canossa, se é que houve um, em vista do que acontecera apenas poucos anos antes. Mas o que ele procurou e recebeu foi apoio, não obediência, e os meios não foram ordens, mas concessões.[23] Se as ordens tivessem sido suficientes, ele jamais precisaria ter deixado Paris.

Jamais existiu governo exclusivamente baseado nos meios da violência. Mesmo o domínio totalitário, cujo principal instrumento de dominação é a tortura, precisa de uma base de poder – a polícia secreta e sua rede de informantes. Apenas o desenvolvimento de soldados-robôs, que, como antes mencionado, eliminaria por completo o fator humano e, presumivelmente, permitiria a um homem destruir quem quer que desejasse tão somente apertando um botão, poderia mudar essa ascendência fundamental do poder sobre a violência. Mesmo a dominação mais despótica que conhecemos – o domínio do senhor sobre os escravos, que sempre o excederam em número – não se amparava em meios superiores de coerção como tais, mas em uma organização superior do poder – isto é, na solidariedade organizada dos senhores.[24] Homens sozinhos, sem outros para apoiá-los,

---

22 Stephen Spender, *op. cit.*, p. 56, discorda: "O que era muito mais aparente do que a situação revolucionária [era] a situação não revolucionária." Pode ser "difícil pensar em uma revolução acontecendo quando [...] todo o mundo parece particularmente bem-humorado", mas isso é o que ocorre normalmente no começo da revolução, durante o grande êxtase da fraternidade.

23 Ver Apêndice XII, p. 111.

24 Na Grécia antiga, tal organização de poder era a *pólis*, cujo principal mérito, de acordo com Xenofonte, era que ela permitia aos "cidadãos agir como guarda-costas uns dos outros contra os escravos e criminosos, de modo que nenhum cidadão pudesse ter uma morte violenta" (*Hiero*, IV, 3).

nunca tiveram poder suficiente para usar da violência com sucesso. Assim, em assuntos domésticos, a violência funciona como o último recurso do poder contra criminosos ou rebeldes – quer dizer, contra indivíduos singulares que, por assim dizer, se recusam a ser subjugados pelo consenso da maioria. E, quanto à guerra efetiva, temos visto no Vietnã quanto uma enorme superioridade nos meios da violência pode tornar-se inútil se confrontada com um oponente mal equipado mas bem organizado, que é muito mais poderoso. Essa lição, por certo, já podia ter sido aprendida com a história da guerra de guerrilhas, que é pelo menos tão antiga quanto a derrota do exército até então invicto de Napoleão na Espanha.

Mudando por um momento para a linguagem conceitual: o poder é de fato a essência de todo governo, e não a violência. A violência é por natureza instrumental; como todos os meios, ela sempre depende da orientação e da justificação pelo fim que almeja. E aquilo que necessita de justificação por outra coisa não pode ser a essência de nada. O fim da guerra – fim tomado em seu duplo sentido – é a paz ou a vitória; mas para a questão "e qual é o fim da paz?" não há resposta. A paz é um absoluto, mesmo se na história registrada os períodos de guerra quase sempre superaram os períodos de paz. O poder está na mesma categoria; ele é, como se diz, "um fim em si mesmo". (Isso, com certeza, não implica negar que os governos sigam políticas e empreguem seu poder para alcançar objetivos prescritos. Mas a própria estrutura de poder precede e supera todas as metas, de sorte que o poder, longe de ser o meio para um fim, é de fato a própria condição que capacita um grupo de pessoas a pensar e a agir em termos das categorias de meios e fins.) E, posto que o governo é essencialmente poder organizado e institucionalizado, a questão ordinária "qual é o fim do governo?" também não faz muito sentido. A resposta será redundante – possibilitar que os homens vivam em comum – ou perigosamente utópica – promover a felicidade ou concretizar a sociedade sem classes ou qualquer outro ideal não político, o qual, se tentado com perseverança, só pode acabar em alguma forma de tirania.

CAPÍTULO 2

O poder não precisa de justificação, sendo inerente à própria existência das comunidades políticas; o que ele realmente precisa é de legitimidade. O tratamento corriqueiro dessas duas palavras como sinônimos não é menos enganoso ou confuso do que a equação corrente entre obediência e apoio. O poder emerge onde quer que as pessoas se unam e ajam em concerto, mas sua legitimidade deriva mais do estar junto inicial do que de qualquer ação que então se possa seguir. A legitimidade, quando desafiada, ampara-se a si mesma em um apelo ao passado, enquanto a justificação remete a um fim que jaz no futuro. A violência pode ser justificável, mas nunca será legítima. Sua justificação perde em plausibilidade quanto mais o fim almejado se distancia no futuro. Ninguém questiona o uso da violência em defesa própria porque o perigo é não apenas claro, mas também presente, e o fim que justifica os meios é imediato.

Poder e violência, embora sejam fenômenos distintos, normalmente aparecem juntos. Onde quer que estejam combinados, o poder é, como descobrimos, o fator primário e predominante. A situação é, contudo, inteiramente diferente quando lidamos com eles em seu estado puro – como, por exemplo, na invasão e ocupação estrangeiras. Vimos que a equação ordinária entre violência e poder se assenta na compreensão do governo como a dominação do homem pelo homem por meio da violência. Se um conquistador externo se confronta com um governo impotente e com uma nação desacostumada ao exercício do poder político, é fácil para ele conseguir tal dominação. Em todos os outros casos, as dificuldades são muito grandes, e o ocupante invasor tentará imediatamente estabelecer governos colaboracionistas, quer dizer, encontrar uma base de poder nativa para apoiar sua dominação. O conflito frontal entre os tanques russos e a resistência totalmente não violenta do povo tcheco é um caso exemplar da confrontação entre violência e poder em seus estados puros. Mas a dominação, em tal circunstância, mesmo sendo difícil de consumar, não é impossível. Devemos sempre lembrar que a violência não depende de números ou de opiniões, mas de implementos, e, como mencionado anteriormente, os implementos da violência, como todas as ferramentas, amplificam e multiplicam o vigor humano. Aqueles que se opõem à violência com o mero poder rapidamente descobrirão que não são confrontados por homens, mas pelos artefatos humanos cuja desumanidade e eficácia destrutiva aumentam na proporção da distância que separa os oponentes. A violência sempre pode destruir o poder; do cano de uma arma emerge o comando mais efetivo, resultando na mais perfeita e instantânea obediência. O que nunca emergirá daí é o poder.

Em um conflito frontal entre a violência e o poder dificilmente o resultado é duvidoso. Se a estratégia da resistência não violenta de Gandhi, extremamente poderosa e bem-sucedida, tivesse encontrado um inimigo diferente – a Rússia de Stálin, a Alemanha de Hitler e mesmo o Japão do pré-guerra, em vez da Inglaterra –, o resultado não teria sido a descolonização, mas o massacre e a submissão. Contudo, tanto a Inglaterra na Índia como a França na Argélia tinham boas razões para refrearem-se. O domínio pela pura violência advém de onde o poder está sendo perdido; é precisamente o encolhimento do poder do governo russo, interna e externamente, que se tornou manifesto em sua "solução" do problema na Tchecoslováquia – assim como fora o encolhimento do poder do imperialismo europeu que se tornou manifesto na alternativa entre descolonização e massacre. Substituir o poder pela violência pode trazer a vitória, mas o preço é muito alto; pois ele não é apenas pago pelo vencido mas também pelo vencedor, em termos de seu próprio poder. Isso é especialmente verdadeiro quando o vitorioso desfruta internamente os benefícios do governo constitucional. Henry Steele Commager está absolutamente certo: "Se subvertermos a ordem mundial e destruirmos a paz mundial, deveremos antes subverter e destruir nossas próprias instituições políticas."[25] O temido efeito bumerangue do "governo de raças subjugadas" (Lord Cromer) sobre o governo da metrópole durante a era imperialista significava que o domínio pela violência em terras distantes terminaria por afetar o governo da Inglaterra e a última "raça subjugada" seriam os próprios ingleses. O recente ataque a gás no *campus* de Berkeley, onde se lançou não apenas o gás lacrimogêneo, mas também um outro tipo de gás, "proibido pela Convenção de Genebra e usado pelo exército para o extermínio de guerrilheiros no Vietnã", enquanto guardas protegidos por máscaras impediam tudo e todos de "escapar da área infestada", é um excelente exemplo desse fenômeno de "ricochete". Tem sido bastante afirmado que a impotência gera violência, e, psicologicamente, isso é verdadeiro, ao menos para pessoas que possuam vigor natural, moral ou físico. Politicamente, o ponto é o de que com a perda do poder torna-se uma tentação substituí-lo pela violência – em 1968, durante a Convenção Democrática, em Chicago, pudemos assistir a esse processo pela televisão[26] –, e essa violência por si mesma resulta em impotência. Onde a violência não mais está escorada e restringida pelo poder, a tão conhecida inversão no cálculo dos meios e fins faz-se presente. Os meios, os meios da destruição, agora determinam o fim – com a consequência de que o fim será a destruição de todo o poder.

Em nenhum outro lugar fica mais evidente o fator autodestrutivo da vitória da violência sobre o poder do que no uso do terror para manter a dominação, sobre cujos estranhos sucessos e falhas eventuais sabemos talvez mais do que qualquer geração anterior. O terror não é o mesmo que a violência; ele é, antes, a forma de governo que advém quando a violência, tendo destruído todo o poder, em vez de abdicar, permanece com controle total. Tem sido observado que a eficiência do terror depende quase totalmente do grau de atomização social. Toda forma de opo-

---

25 "Can We Limit Presidential Power?", *in The New Republic,* 6 de abril de 1968.
26 Ver Apêndice XIII, p. 112.

sição organizada deve desaparecer antes que possa ser liberada a plena força do terror. Essa atomização – uma palavra ultrajantemente pálida e acadêmica para o horror aí implicado – é sustentada e intensificada por meio da ubiquidade do informante, que pode se tornar literalmente onipresente porque já não é mais um mero agente profissional a soldo da polícia, mas, potencialmente, qualquer pessoa com quem se tenha contato. Como tal estado policial plenamente desenvolvido se estabelece e age – ou melhor, como nada funciona onde ele impera – pode agora ser aprendido em *The First Circle*, de Aleksander I. Soljénístsyn, que provavelmente restará como uma das grandes obras da literatura do século XX e que por certo contém a melhor documentação existente sobre o regime de Stálin.[27] A diferença decisiva entre a dominação totalitária, baseada no terror, e as tiranias e as ditaduras, estabelecidas pela violência, é que a primeira investe não apenas contra seus inimigos, mas também contra seus amigos e apoiadores, temendo todo poder, mesmo o poder de seus amigos. O ápice do terror é alcançado quando o Estado policial começa a devorar suas próprias crias, quando o executante de ontem se torna a vítima de hoje. E esse é também o momento em que o poder desaparece completamente. Existem agora muitas explicações plausíveis para a desestalinização da Rússia – nenhuma delas, creio, mais convincente do que a percepção dos próprios funcionários stalinistas de que uma continuação do regime levaria não a uma insurreição, contra a qual o terror é de fato a melhor salvaguarda, mas à paralisia de todo o país.

Para resumir: politicamente falando, é insuficiente dizer que poder e violência não são o mesmo. Poder e violência são opostos; onde um domina absolutamente, o outro está ausente. A violência aparece onde o poder está em risco, mas, deixada a seu próprio curso, conduz à desaparição do poder. Isso implica ser incorreto pensar o oposto da violência como a não violência; falar de um poder não violento é de fato redun-

---

27 Ver Apêndice XIV, p. 113.

dante. A violência pode destruir o poder; ela é absolutamente incapaz de criá-lo. A grande confiança de Hegel e Marx no "poder da negação" dialética – em virtude da qual os opostos não se destroem, mas desenvolvem-se suavemente, transformando-se um no outro, pois as contradições promovem o desenvolvimento e não o paralisam – assenta-se em um preconceito filosófico muito mais antigo: que o mal não é mais do que um *modus* privativo do bem, que o bem pode advir do mal; que, em síntese, o mal é apenas a manifestação temporária de um bem ainda oculto. Tais opiniões, desde há muito veneradas, tornaram-se perigosas. São compartilhadas por muitos que jamais ouviram falar em Hegel ou Marx, pela simples razão de que elas inspiram esperança e dissipam o medo – uma esperança traiçoeira usada para dissipar um medo legítimo. Com isso, não pretendo equiparar a violência ao mal; quero apenas enfatizar que a violência não pode ser derivada de seu oposto, o poder, e que, a fim de compreendê-la pelo que é, teremos de examinar suas raízes e sua natureza.

Capítulo 3

Deve parecer presunçoso falar nesses termos sobre a natureza e as causas da violência, quando fluxos do dinheiro de fundações são canalizados para vários projetos de pesquisa de cientistas sociais; uma imensidão de livros sobre o assunto já apareceu; eminentes cientistas naturais – biólogos, fisiólogos, etólogos e zoólogos – se uniram em um grande esforço para solucionar o enigma da "agressividade" no comportamento humano; e um novo tipo de ciência, chamada "polemologia", surgiu. Não obstante, tenho duas justificativas para tentá-lo.

Em primeiro lugar, mesmo que ache fascinante muito do trabalho dos zoólogos, não consigo ver em que ele pode aplicar-se ao nosso problema. A fim de saber que os povos lutarão por sua pátria, não precisaríamos ter descoberto instintos de "territorialismo grupal" em formigas, peixes e macacos, e, a fim de aprender que a superpopulação resulta em irritação e agressividade, dificilmente precisaríamos tê-la experimentado com ratos. Um dia passado nas favelas de qualquer grande cidade teria sido suficiente. Surpreende-me, e muitas vezes me agrada, ver que alguns animais se comportam como o homem; mas não posso ver como isso justificaria ou condenaria o comportamento humano. Não consigo entender por que nos pedem para "reconhecer que o homem se comporta de forma muito semelhante a uma espécie de grupo territorial" e não o seu contrário — que certas espécies animais se comportam de forma bem semelhante aos homens.[1] (De acordo com Adolf Portmann, esses novos *insights* sobre o comportamento animal não fecham o abismo entre o homem e o animal; apenas demonstram que, "muito mais do que pensávamos, aquilo que sabemos a respeito de nós mesmos também ocorre em animais".)[2] Por que deveríamos nós, após termos "eliminado" da psicologia animal todo antropomorfismo (se de fato isso foi bem-sucedido é uma outra questão), tentar agora descobrir "quão teriomorfo é o homem"?[3] Não é óbvio que antropomorfismo e teriomorfismo nas ciências do comportamento são apenas lados distintos de um mesmo "erro"? Além do mais, se definimos o homem como pertencente ao reino animal, porque deveríamos exigir dele que tomasse seus padrões de comportamento de outras espécies animais? A resposta, temo, é simples: é mais fácil fazer experimentos com animais, e isso não apenas por questões humanitárias, por não ser agradável colocar-nos em jaulas; o problema é que os homens podem trapacear.

---

1 Nikolas Tinbergen, "On War and Peace in Animals and Man", *in Science*, 160: 1411 (28 de junho de 1968).

2 *Das Tier als soziales Wesen*, Zurique, 1953, pp. 237-238: *"Wer sich in die Tatsachen vertieft [...] der wird feststellen, dass die neuen Einblicke in die Differenziertheit tierischen Treibens uns zwingen, mit allzu einfachen Vorstellungen von höheren Tieren ganz entschieden aufzuräumen. Damit wird aber nicht etwa — wie zuweilen leichtin gefolgert wird — dass Tierische dem Menschlichen immer mehr genähert. Es zeigt sich lediglich, dass viel mehr von dem, was wir von uns selbst kennen, auch beim Tier vorkommt."* [Quem quer que se aprofunde no assunto [...] constatará que as novas ideias acerca da diferenciação do comportamento animal nos obrigam a acabar, de uma vez por todas, com representações demasiadamente simples sobre os animais superiores. Isso não quer dizer — como às vezes se deduz levianamente — que os animais aproximem-se cada vez mais dos humanos. Isso mostra apenas que muito mais do que aquilo que sabemos a nosso respeito também ocorre entre os animais.]

3 Ver Erich von Holst, *Zur Verhaltensphysiologie bei Tieren und Menschen*, Gesammelte Abhandlungen, vol. 1, Munique, 1969, p. 239.

CAPÍTULO 3

Em segundo lugar, os resultados das pesquisas, tanto das ciências sociais quanto das ciências naturais, tendem a fazer do comportamento violento uma reação ainda mais "natural" do que estaríamos preparados para admiti-lo em sua ausência. Da agressividade, definida como um impulso instintivo, diz-se que ela representa o mesmo papel funcional, no âmbito da natureza, que os instintos sexuais e os de nutrição no processo vital do indivíduo e da espécie. Mas diferentemente desses instintos, que, por um lado, são ativados por necessidades corporais prementes, e, por outro, por estímulos externos, os instintos agressivos no reino animal parecem ser independentes de tal provocação; ao contrário, a falta de provocação conduz aparentemente à frustração do instinto, ao "recalque" da agressividade, que, de acordo com os psicólogos, causa o bloqueio da "energia" cuja consequente explosão será extremamente perigosa. (É como se a *sensação* da fome no homem aumentasse com o decréscimo de pessoas famintas.)[4] Segundo essa interpretação, a violência sem provocação é "natural"; se ela perdeu a sua *rationale*, basicamente, a sua função na autopreservação, tornou-se "irracional", e essa é supostamente a razão pela qual os homens podem ser mais "bestiais" do que outros animais. (Na literatura, somos constantemente lembrados do comportamento generoso dos lobos, que não matam o inimigo derrotado.) Deixando de lado a transposição enganosa de termos físicos tais como "energia" e "força" para os dados biológicos e zoológicos, em que eles não fazem sentido porque não podem ser mensurados,[5] temo que por trás

---

4 Para contradizer o absurdo dessa conclusão faz-se uma distinção entre instintos endógenos e espontâneos, por exemplo, a agressão, e impulsos reativos como a fome. Mas a distinção entre espontaneidade e reatividade não faz sentido em uma discussão de impulsos inatos. No mundo da natureza não há espontaneidade, propriamente falando, e instintos e impulsos apenas manifestam o modo altamente complexo como todo organismo vivo, inclusive o homem, adapta-se aos seus processos.

5 O caráter hipotético do livro *On Aggression*, de Konrad Lorenz (Nova York, 1966), é esclarecido na interessante coleção de ensaios sobre a agressão e adaptação editada por Alexander Mitscherlich sob o título *Bis hierher und nicht weiter. Ist die menschliche Agression unbefriedbar?*, Munique, 1968.

das mais recentes "descobertas" esteja a mais velha definição da nature-za do homem – a definição do homem como *animal rationale*, de acordo com a qual nos distinguimos de outras espécies animais em nada além do atributo adicional da razão. A ciência moderna, partindo de maneira não crítica dessa velha suposição, foi longe em "provar" que os homens compartilham todas as outras propriedades com algumas espécies do reino animal – exceto que o dom adicional da "razão" torna-o uma fera mais perigosa. É o uso da razão que nos torna perigosamente "ir-racionais", pois essa razão é propriedade de um "ser originariamente instintivo".[6] Os cientistas sabem, é claro, que o homem é o fabricante de ferramentas que inventou as armas de longo alcance que o liberaram das restrições "naturais" encontradas no reino animal e que a fabricação de ferramentas é uma atividade *mental* altamente complexa.[7] Assim, a ciência é chamada para curar-nos dos efeitos colaterais da razão por meio da manipulação e do controle de nossos instintos, geralmente en-contrando escoadouros inofensivos para eles, uma vez que tenham de-saparecido as suas "funções de estímulo vital". O padrão de compor-tamento é novamente derivado de outras espécies animais, nas quais a função dos instintos vitais não foi destruída por meio da intervenção da razão humana. E agora, em sentido estrito, a distinção específica entre o homem e a fera não é mais a razão (o *lumen naturale* do animal humano),

---

6 Von Holst, *op. cit.*, p. 283: *"Nicht, weil wir Verstandeswesen, sondern weil wir ausserdem ganz urtümliche Triebwesen sind, ist unser Dasein im Zeitalter der Technik gefährdet."* [Nos-sa existência na era da técnica está ameaçada não porque sejamos seres dotados de en-tendimento, mas sim porque somos, além disso, seres total e originariamente instintivos.]

7 As armas de longo alcance, vistas pelos polemologistas como as responsáveis pela liberação dos instintos agressivos do homem a ponto de os controles de salvaguarda da espécie não mais funcionarem (ver Tinbergen, *op. cit.*), são tomadas por Otto Kline-berg ("Fears of a Psychologist", *in* Calder, *op. cit.*, p. 208) antes como uma indicação de que "a agressividade pessoal [não] representa qualquer papel importante como um motivo para a guerra". Os soldados, poder-se-ia prosseguir no argumento, não são assassinos, e assassinos – aqueles dotados de "agressividade pessoal" – provavelmente não são bons soldados.

mas a ciência, o conhecimento desses padrões e das técnicas referentes a eles. De acordo com essa visão, o homem age irracionalmente e como uma fera se se recusa a ouvir os cientistas ou ignora as suas últimas descobertas. Contra essas teorias e suas implicações, argumentarei que a violência não é nem bestial, nem irracional – não importa se entendemos esses termos na linguagem corrente dos humanistas ou de acordo com teorias científicas.

Que a violência frequentemente advenha da raiva é um lugar-comum, e a raiva pode realmente ser irracional ou patológica, mas isso também vale para qualquer outro sentimento humano. Não há dúvida de que é possível criar condições sob as quais os homens são desumanizados – tais como os campos de concentração, a tortura, a fome –, mas isso não significa que eles se tornem semelhantes a animais; e, sob tais condições, o mais claro indício da desumanização não são a raiva e a violência, mas a sua ausência conspícua. A raiva não é, de modo algum, uma reação automática à miséria e ao sofrimento; ninguém reage com raiva a uma doença incurável ou a um terremoto, ou, no que concerne ao assunto, a condições sociais que parecem imutáveis. A raiva aparece apenas quando há razão para supor que as condições poderiam ser mudadas, mas não são. Reagimos com raiva apenas quando nosso senso de justiça é ofendido, e essa reação de forma alguma reflete necessariamente uma injúria pessoal, como é demonstrado por toda a história da revolução, em que, invariavelmente, membros das classes altas deflagravam e depois conduziam as rebeliões dos oprimidos e dos humilhados. Recorrer à violência em face de eventos ou condições ultrajantes é sempre extremamente tentador em função de sua inerente imediação e prontidão. Agir com rapidez *deliberada* é contrário à natureza da raiva e da violência, mas não os torna irracionais. Pelo contrário, tanto na vida privada quanto na vida pública há situações em que apenas a própria prontidão de um ato violento pode ser um remédio apropriado. O ponto central não é que isso nos permite desabafar – o que poderia igualmente ser feito dando-se uma pancada na mesa ou batendo-se a porta. O ponto é que, em certas circunstâncias, a violência – o agir sem argumentar, sem o discurso ou sem contar com as consequências – é o único modo de reequilibrar as balanças da justiça. (Billy Bud, ao agredir mortalmente o homem que sustentou falso testemunho contra ele, é o exemplo clássico.) Nesse sentido, a raiva e a violência que às vezes – mas não sempre – a acompanha pertencem às emoções "naturais" do *humano* e extirpá-las não seria mais do que desumanizar ou castrar o homem. É inegável que tais atos – nos quais os homens tomam a lei em suas próprias mãos para o bem da justiça – estejam em conflito com as constituições das comunidades civilizadas; mas seu caráter antipolítico, tão manifesto na grande história de Melville, não significa que eles sejam inumanos ou "meramente" emocionais.

A ausência de emoções não causa nem promove a racionalidade. "Desapego e serenidade" em vista de uma "tragédia insuportável" podem realmente ser "aterrorizadores",[8] isto é, quando não são o resultado do controle mas de uma evidente manifestação de incompreensão. A fim de responder razoavelmente é preciso, em primeiro lugar, estar "sensibilizado" – e o oposto de emocional não é "racional", o que quer que isso signifique, mas "incapacidade de sensibilizar-se", que geralmente é um fenômeno patológico, ou "sentimentalismo", que é uma perversão do sentimento. A raiva e a violência se tornam irracionais apenas quando são dirigidas contra substitutos, e temo que isso seja justamente o que recomendam psiquiatras e polemologistas com relação à agressividade humana; e, infelizmente, é o que corresponde a certas disposições de espírito e atitudes irrefletidas na sociedade em larga escala. Todos sabemos, por exemplo, que se tornou elegante entre os liberais brancos reagir às ofensas dos negros com o brado "todos somos culpados", e o

---

8 Estou parafraseando Noam Chomsky (*op. cit.*, p. 371), que é muito bom em expor a "fachada de inflexibilidade mental e pseudociência", bem como o vazio intelectual que está por trás dela, especialmente nos debates sobre a guerra no Vietnã.

Black Power tem sabido muito bem como tirar vantagem dessa "confissão" a fim de instigar um irracional "ódio negro". Onde todos são culpados ninguém o é; as confissões de culpa coletiva são a melhor salvaguarda possível contra a descoberta dos culpados, e a própria grandeza do crime, a melhor desculpa para nada fazer. Nesse caso particular, trata-se por acréscimo de uma escalada perigosa e ofuscante do racismo para regiões mais altas e menos tangíveis. A fenda real entre brancos e negros não é recomposta por meio de sua transposição para um conflito ainda menos reconciliável entre a inocência e a culpa coletivas. "Todos os homens brancos são culpados" – isso não só é uma insensatez perigosa, como também racismo invertido, e serve de maneira muito eficaz para dar às queixas reais e às emoções racionais da população negra um escape para a irracionalidade, uma fuga da realidade.

Além do mais, se inquirimos historicamente sobre as causas prováveis da transformação dos *engagés* em *enragés*,[9] não é a injustiça que vem em primeiro lugar, mas a hipocrisia. Seu importante papel nos últimos estágios da Revolução Francesa, quando a guerra de Robespierre contra a hipocrisia transformou o "despotismo da liberdade" no Reino do Terror, é conhecido demais para ser discutido aqui; mas é importante lembrar que essa guerra tinha sido declarada muito antes pelos moralistas franceses, que viram na hipocrisia o vício de todos os vícios e perceberam que ela dominava de modo supremo na "boa sociedade", o que pouco mais tarde seria chamado de "sociedade burguesa". Poucos autores de estatura glorificaram a violência pela violência; mas esses poucos – Sorel, Pareto, Fanon – foram motivados por um ódio muito mais profundo contra a sociedade burguesa e conduzidos a uma ruptura muito mais radical com os padrões morais dela do que a esquerda convencional, que era principalmente inspirada pela compaixão e por um ardente desejo de justiça. Tirar a máscara da hipocrisia da face do inimigo, desmascará-lo e desmascarar as maquinações e manipulações diabólicas que

---

9 *Engagés*: engajados; *enragés*: furiosos. [*N. do T.*]

lhe permitem dominar sem se valer de meios violentos, quer dizer, provocar a ação mesmo sob o risco da aniquilação, de sorte que a verdade possa aparecer – esses ainda estão entre os mais fortes motivos da violência de hoje nos *campi* e nas ruas.[10] E essa violência, novamente, não é irracional. Posto que os homens vivem em um mundo de aparências e, ao lidar com ele, dependem de manifestações, a dissimulação da hipocrisia – enquanto distinta dos expedientes e astúcias, seguidos da revelação no tempo devido – não pode ser enfrentada pelo assim chamado comportamento racional. Só podemos nos fiar nas palavras se estamos certos de que sua função é revelar e não esconder. É a aparência de racionalidade, muito mais do que os interesses por trás dela, que provoca a raiva. Valer-se da razão quando a utilizamos como uma armadilha não é "racional", tanto quanto usar uma arma em defesa própria não é "irracional". Esta reação violenta contra a hipocrisia, não obstante ser justificável em seus próprios termos, perde sua *raison d'être* quando tenta desenvolver uma estratégia própria com objetivos precisos; torna-se "irracional" no momento em que é "racionalizada", quer dizer, no momento em que a re-ação no curso de um conflito transforma-se em ação e começa a caça aos suspeitos, acompanhada pela busca psicológica dos motivos últimos.[11]

Embora a eficácia da violência, como já observada, não dependa de números – um homem com uma metralhadora pode dar conta de centenas de pessoas bem organizadas –, é na violência coletiva que vem à tona o

---

10 "Lendo-se as publicações da SDS [Estudantes por uma Sociedade Democrática], vê-se que elas frequentemente têm recomendado provocações à polícia como uma estratégia para 'desmascarar' a violência das autoridades." Spender (*op. cit.*, p. 92) comenta que essa forma de violência "leva a um impasse em que o provocador representa ao mesmo tempo o papel de vítima e de agressor". A guerra contra a hipocrisia traz consigo um número de grandes perigos, alguns dos quais examinei rapidamente em *On Revolution*, Nova York, 1963, pp. 91-101.

11 Ver Apêndice XV, p. 114.

seu caráter mais perigosamente atrativo e isso de modo algum porque haja segurança em números. É perfeitamente verdadeiro que tanto nas ações militares quanto nas revolucionárias "o individualismo seja o primeiro [valor] a desaparecer";[12] em seu lugar, encontramos uma espécie de coerência grupal que é mais intensamente sentida e que prova ser um vínculo muito mais forte, embora menos duradouro, do que todas as variedades da amizade, civil ou privada.[13] Com certeza, em todos os empreendimentos ilegais, criminosos ou políticos, o grupo, pelo bem de sua própria segurança, exigirá "que cada indivíduo cometa uma ação irrevogável" a fim de destruir as suas pontes com a sociedade respeitável antes que seja admitido na comunidade da violência. Mas, uma vez que um homem é admitido, ele sucumbirá ao encantamento inebriante da "prática da violência [que] amarra os homens em um todo coeso, pois cada indivíduo forma um elo violento na grande cadeia, torna-se uma parte do grande organismo da violência em expansão".[14] As palavras de Fanon apontam para o conhecido fenômeno da irmandade nos campos de batalha, onde os feitos mais nobres e desapegados são ocorrências frequentemente diárias. Entre todos os niveladores, a morte parece ser o mais potente, ao menos nas poucas situações extraordinárias em que se lhe permite representar um papel político. A morte, quer seja encarada como o próprio falecer, quer na consciência interna da própria mortalidade, é talvez a experiência mais antipolítica que há. Significa que desapareceremos do mundo das aparências e deixaremos a companhia de nossos companheiros humanos, que são as condições de toda política. No que concerne à experiência humana, a morte indica um extremo de solidão e de impotência. Mas, confrontada coletivamente na ação, a

---

12 Fanon, *op. cit.*, p. 47.

13 J. Glenn Gray, em seu *The Warriors* (Nova York, 1959; agora disponível em brochura), é muito perspicaz e instrutivo a respeito. Deveria ser lido por quem quer que se interesse pela prática da violência.

14 Fanon, *op. cit.*, p. 85 e 93, respectivamente.

morte muda de feição; agora, nada parece intensificar mais nossa vitalidade do que a sua proximidade. Algo de que raramente estamos conscientes, ou seja, de que nossa própria morte é acompanhada da imortalidade potencial do grupo ao qual pertencemos e, em última análise, da espécie, desloca-se para o centro de nossa experiência. É como se a própria vida, a vida imortal da espécie, alimentada, por assim dizer, pela morte contínua de seus membros individuais, estivesse em "expansão", fosse realizada na prática da violência.

Penso que seria errado falar aqui de meros sentimentos. Afinal, uma das notáveis propriedades da condição humana encontra aqui uma experiência adequada. Em nosso contexto, entretanto, o ponto central é que essas experiências, cuja força elementar está fora de dúvida, nunca encontraram uma expressão institucional, política, e a morte como um nivelador dificilmente desempenha qualquer papel na filosofia política, muito embora a mortalidade humana — o fato de que os homens são "mortais", como os gregos o diziam — fosse compreendida como o mais forte motivo para a ação política no pensamento político pré-filosófico. Era a certeza da morte que fazia com que os homens procurassem a fama imortal em feitos e palavras e os instigava a estabelecer um corpo político potencialmente imortal. Desse modo, a política era precisamente um meio de escapar da igualdade diante da morte para uma distinção que assegurasse alguma medida de imortalidade. (Hobbes é o único filósofo político em cuja obra a morte, na forma do medo à morte violenta, assume um papel crucial. Mas não é a igualdade diante da morte que é decisiva para Hobbes; é a igualdade do medo, resultante da igual capacidade de todos para matar, que persuade os homens no estado de natureza a unirem-se em uma comunidade.) De qualquer forma, não conheço nenhum corpo político que tenha sido fundado na igualdade diante da morte e em sua realização por meio da violência; os esquadrões suicidas da história, que eram de fato organizados sob esse princípio e, portanto, chamavam-se a si mesmos de "irmandades", dificilmente podem ser contados entre as organizações políticas. Mas é verdadeiro que os fortes sentimentos fraternais engendrados pela violência coletiva desencaminharam várias boas pessoas para a esperança de que uma nova comunidade política, juntamente com um "novo homem", se originasse daí. A esperança é uma ilusão pela simples razão de que nenhum relacionamento humano é mais transitório do que essa forma de irmandade, que só pode ser realizada sob condições extremas de perigo imediato para a vida.

Isso, contudo, é apenas um lado da questão. Fanon conclui seu elogio da prática da violência observando que, nesse tipo de combate, o povo percebe "que a vida é um confronto infinito", que a violência é um elemento da vida. E isso não soa plausível? Os homens não equacionaram, desde sempre, a morte e o "eterno descanso", e daí não se segue que onde há vida há luta e fadiga? A quietude não é uma clara manifestação da falta de vida ou de decadência? Não é prerrogativa dos jovens a ação violenta – daqueles que, presumivelmente, estão cheios de vida? Portanto, o elogio da vida e o da violência não são o mesmo? De qualquer modo, Sorel pensava nesses termos há sessenta anos. Antes de Spengler, previu a "decadência do Ocidente" ao observar claros sinais do enfraquecimento da luta de classes europeia. A burguesia, argumentou ele, havia perdido a "energia" para representar seu papel na luta de classes; apenas se o proletariado pudesse ser persuadido a usar a violência, a fim de reafirmar as distinções de classe e despertar o espírito combatente da burguesia, a Europa poderia ser salva.[15]

Assim, muito antes de Konrad Lorenz ter descoberto a função da agressão como estimulante vital no reino animal, a violência era elogiada como uma manifestação da força vital e, especificamente, de sua criatividade. Sorel, inspirado pelo *élan vital* de Bergson, almejou uma filosofia da criatividade destinada aos "produtores" e dirigida polemi-

---

15 Sorel, *op. cit.*, cap. 2, "On Violence and the Decadence of the Middle Classes".

camente contra a sociedade de consumo e seus intelectuais; ambos os grupos, assim o sentiu, eram parasitas. A imagem do burguês – pacífico, complacente, hipócrita, inclinado ao prazer, sem vontade de poder, um produto tardio do capitalismo e não o seu representante – e a imagem do intelectual, cujas teorias são "construções" em vez de "expressões da vontade",[16] são otimisticamente contrabalançadas pela imagem do trabalhador. Sorel vê o trabalhador como o "produtor" que criará as novas "qualidades morais necessárias para a melhoria da produção", destruirá "os Parlamentos [que] estão tão atulhados quanto as reuniões de investidores",[17] e oporá à "imagem do progresso... a imagem da catástrofe total" quando "algo como uma onda irresistível assolará a velha civilização".[18] Os novos valores acabam parecendo não ser tão novos assim. Eles são um senso de honra, desejo por fama e glória, o espírito de combate sem ódio e "sem espírito de vingança" e a indiferença por vantagens materiais. Todavia, eles são de fato as próprias virtudes que estavam claramente ausentes na sociedade burguesa.[19] "A guerra social, ao apelar à honra que se desenvolve tão naturalmente em todos os exércitos organizados, pode eliminar aqueles maus sentimentos contra os quais a moralidade permanece impotente. Mesmo se essa fosse a única razão [...], tal razão, por si só, ao que me parece, seria decisiva a favor dos apologistas da violência."[20]

Pode-se aprender muito com Sorel a respeito dos motivos que incitam os homens a glorificar a violência em abstrato e ainda mais com seu contemporâneo italiano mais talentoso, também de formação francesa, Vilfredo Pareto. Fanon, que teve uma intimidade infinitamente maior

---

16 *Ibidem*, "Introduction, Letter to Daniel Halevy", IV.

17 *Ibidem*, cap. 7, "The Ethics of the Producers", I.

18 *Ibidem*, cap. 4, "The Proletarian Strike", II.

19 *Ibidem*, ver especialmente o cap. 5, III, e o cap. 3, "Prejudices against violence", III.

20 *Ibidem*, Apêndice 2, "Apologia da Violência".

com a prática da violência do que ambos, foi muito influenciado por Sorel e utilizou suas categorias mesmo quando suas próprias experiências claramente as contradiziam.[21] A experiência decisiva que convenceu tanto Sorel quanto Pareto a acentuar o fator da violência nas revoluções foi o *Caso Dreyfus*, na França, quando, segundo as palavras de Pareto, eles ficaram "surpresos ao ver [os partidários de Dreyfus] empregarem contra seus oponentes os mesmos métodos infames que eles próprios haviam denunciado".[22] Naquele ponto crítico eles descobriram aquilo que hoje chamamos de *establishment* e que antes fora chamado de o Sistema, e foi tal descoberta que os levou ao elogio da ação violenta e fez com que Pareto, por sua vez, perdesse as esperanças na classe trabalhadora. (Pareto compreendeu que a rápida integração dos trabalhadores no corpo político e social da nação de fato correspondia a uma "aliança entre a burguesia e os trabalhadores", ao "aburguesamento" dos trabalhadores, que então, de acordo com ele, deu origem a um novo sistema, que ele chamava de "plutodemocracia" – uma forma mista de governo, na qual

---

21 Isso foi recentemente enfatizado por Barbara Deming em seu apelo pela ação não violenta — "On Revolution and Equilibrium", *in Revolution: Violent and Nonviolent*, reimpresso do *Liberation*, fevereiro de 1968. Diz ela, a respeito de Fanon, na p. 3: "É minha convicção que ele também pode ser citado como apelando à não violência. [...] Sempre que encontrar a palavra 'violência' em suas páginas, substitua-a pela frase 'ação radical e descomprometida'. Eu sustento que, com exceção de algumas poucas passagens, essa substituição pode ser feita e que a ação pela qual ele roga poderia do mesmo modo ser não violenta." Mesmo mais importante para os meus propósitos: Deming também tenta distinguir claramente entre violência e poder, e reconhece que a "ruptura não violenta" significa "exercer a força [...]. Recorrer mesmo ao que só pode ser chamado de força física" (p. 6). Entretanto, ela subestima curiosamente o efeito dessa força de subversão, que se interrompe a um passo da agressão física, quando ela diz que "os direitos humanos dos adversários são respeitados" (p. 7). Apenas o direito que o oponente tem à vida – e mais nenhum outro dos direitos humanos – é respeitado. O mesmo é por certo verdadeiro para aqueles que advogam "a violência contra coisas" como oposta à "violência contra pessoas".

22 Citado do instrutivo ensaio de S.E. Finer, "Pareto and Pluto-Democracy: The Retreat to Galapagos", *The American Political Science Review*, junho de 1968.

a plutocracia é o regime da burguesia e a democracia, o regime dos trabalhadores.) A razão pela qual Sorel se agarrou à sua fé marxista na classe trabalhadora era que os trabalhadores consistiam nos "produtores", o único elemento criativo na sociedade, aqueles que, segundo Marx, estavam destinados a liberar as forças produtivas da humanidade; o único problema era que, assim que os trabalhadores atingiam um nível satisfatório de condições de vida e trabalho, recusavam-se obstinadamente a permanecer proletários e a desempenhar seu papel revolucionário.

Entretanto, um outro aspecto incomparavelmente mais desastroso para essa perspectiva tornou-se manifesto apenas nas décadas após a morte de Sorel e Pareto. O imenso crescimento da produtividade no mundo moderno não se deveu, de forma alguma, ao aumento da produtividade dos trabalhadores, mas, exclusivamente, ao desenvolvimento da tecnologia, e isso não dependeu nem da classe operária, nem da burguesia, mas dos cientistas. Os "intelectuais", tão desprezados por Sorel e Pareto, subitamente deixaram de ser um grupo social marginal e surgiram como uma nova elite, cujo trabalho, tendo transformado em poucas décadas as condições da vida humana quase para além de seu reconhecimento, permaneceu essencial ao funcionamento da sociedade. Há muitas razões pelas quais esse novo grupo não se transformou, ou ainda não, em uma elite de poder, mas, de fato, há muitos motivos para acreditar, com Daniel Bell, que "não apenas os melhores talentos, mas também, finalmente, todo o complexo de prestígio social e de *status* social estará enraizado nas comunidades científicas e intelectuais".[23] Seus membros estão mais dispersos e menos vinculados por interesses claros do que os grupos no velho sistema de classes; desse modo, eles não têm qualquer motivação para organizarem-se e carecem de experiência em todos os assuntos relativos ao poder. Além disso, por estarem ligados muito mais de perto às tradições culturais, sendo a tradição revolucionária uma

---

23 "Notes on the Post-Industrial Society", *The Public Interest*, nº 6, 1967.

delas, eles apegam-se com grande tenacidade a categorias do passado, as quais os previnem de compreender o presente e seu papel nele. É quase sempre comovente ver com quais sentimentos nostálgicos os mais rebeldes de nossos estudantes esperam que o "verdadeiro" ímpeto revolucionário advenha daqueles grupos da sociedade que os denunciam tanto mais veementemente quanto mais têm a perder com o que quer que possa perturbar o suave funcionamento da sociedade de consumo. Para o melhor ou para o pior – e creio que tenhamos todas as razões para estar tanto temerosos quanto esperançosos –, a classe realmente nova e potencialmente revolucionária na sociedade consistirá em intelectuais, e seu poder potencial, ainda que até agora despercebido, é muito grande, talvez grande demais para o bem da humanidade.[24] Mas isso são especulações.

Seja como for, neste contexto estamos interessados primordialmente no estranho reflorescimento das filosofias da vida de Bergson e de Nietzsche em sua versão soreliana. Todos sabemos até que ponto essa velha combinação de violência, vida e criatividade figura no rebelde estado mental da presente geração. A ênfase no puro fato do viver e daí a ênfase no fazer amor como a manifestação mais gloriosa da vida é sem sombra de dúvida uma resposta à possibilidade real de construir uma máquina para o fim do mundo e à destruição de toda vida na terra. Mas as categorias sob as quais os novos glorificadores da vida se entendem a si mesmos não são novas. Enxergar a produtividade da sociedade na imagem da "criatividade" da vida é pelo menos tão velho quanto Marx; acreditar na violência como uma força estimulante da vida é pelo menos tão velho quanto Nietzsche; e pensar a criatividade como o maior bem do homem, tão velho quanto Bergson.

Essa justificação biológica da violência, aparentemente tão nova, está mais uma vez bastante ligada aos elementos mais perniciosos de

---

24 Ver Apêndice XVI, p. 115.

nossas mais antigas tradições de pensamento político. De acordo com o conceito tradicional – em que ele é equiparado, como visto, à violência –, o poder é expansionista por natureza. Ele "tem uma necessidade interna de crescer", é criativo porque "o instinto do crescimento é próprio dele".[25] Assim como no âmbito da vida orgânica tudo ou cresce ou declina e morre, supostamente da mesma forma, no âmbito dos assuntos humanos, o poder só se pode sustentar por meio da expansão; de outra forma, ele definha e morre. "Aquilo que para de crescer começa a apodrecer", como afirma um ditado russo da *entourage* de Catarina, a Grande. Os reis, sabemos, foram mortos "não por causa de sua tirania, mas por causa de sua fraqueza. O povo ergue cadafalsos não como punição moral do despotismo, mas como penalização *biológica* para a fraqueza" (grifos meus). As revoluções, portanto, se dirigiram contra os poderes estabelecidos "apenas de um ponto de vista externo". O seu verdadeiro "efeito foi conceder ao poder novo vigor e estabilidade e destruir os obstáculos que havia muito obstruíam o seu desenvolvimento".[26] Quando Fanon fala na "loucura criativa" presente na ação violenta, ele ainda está pensando nessa tradição.[27]

Na minha opinião, nada poderia ser teoricamente mais perigoso do que a tradição do pensamento organicista em assuntos políticos, por meio da qual poder e violência são interpretados em termos biológicos. Tal como esses termos são entendidos hoje, a vida e a suposta criatividade da vida são o seu denominador comum, de modo que a violência é justificada nas bases da criatividade. As metáforas orgânicas que permeiam a totalidade de nossas discussões atuais desses assuntos, especialmente acerca dos tumultos – a noção de uma "sociedade enferma", cujos sintomas são os tumultos, assim como a febre é o sintoma da doença –, só podem, por

---

25 Jouvenel, *op. cit.*, p. 114 e 123, respectivamente.

26 *Ibidem*, pp. 187-188.

27 Fanon, *op. cit.*, p. 95.

CAPÍTULO 3

fim, promover a violência. Assim, o debate entre os que propõem meios violentos para restaurar a "lei e a ordem" e os que propõem reformas não violentas começa a soar, sinistramente, como a discussão entre dois médicos que debatem as vantagens relativas da intervenção cirúrgica ou de tratamento clínico do paciente. Quanto mais doente supõe-se estar o paciente, mais provável é que o cirurgião tenha a última palavra. Além do mais, a partir do instante em que se começa a falar em termos biológicos, não políticos, os glorificadores da violência podem apelar ao fato inegável de que, no seio da natureza, destruição e criação são as duas faces do processo natural, de modo que a ação violenta coletiva, deixando de lado a sua atração inerente, pode parecer tão natural como pré-requisito para a vida coletiva da humanidade quanto a luta pela sobrevivência e a morte violenta em nome da continuação da vida no reino animal.

O perigo de se deixar levar pela plausibilidade enganosa das metáforas orgânicas é particularmente grande quando o tema racial está envolvido. O racismo, branco ou negro, é por definição repleto de violência porque contesta fatos orgânicos naturais – uma pele branca ou negra – que nenhuma persuasão ou poder poderia mudar; tudo o que se pode fazer, jogadas as cartas, é exterminar os seus portadores. O racismo, distinto da raça, não é um fato da vida, mas uma ideologia, e os atos a que ele conduz não são atos reflexos, mas ações deliberadas baseadas em teorias pseudocientíficas. A violência na luta inter-racial é sempre assassina, mas não é "irracional"; é a consequência lógica e racional do racismo, que eu não compreendo como certos preconceitos vagos de cada um dos lados, mas como um sistema ideológico explícito. Sob a pressão do poder, os preconceitos, distintos tanto dos interesses quanto das ideologias, podem ceder – como vimos acontecer com o bem-sucedido movimento pelos direitos civis, que foi totalmente não violento. ("Por volta de 1964 [...] a maioria dos americanos estava convencida de que a subordinação e, em grau menor, a segregação estavam erradas.")[28] Mas enquanto

---

28 Robert M. Folgeson, "Violence as Protest", *in Urban Riots: Violence and Social Change*, Atas da Academia de Ciência Política, Universidade Columbia, 1968.

87

os boicotes, *sit-ins* e passeatas tiveram sucesso em eliminar as leis e o aparato discriminatório no Sul, eles mostraram ser totalmente falhos e contraproducentes quando se confrontaram com as condições sociais nos grandes centros urbanos – as fortes necessidades dos guetos negros, por um lado, e os interesses desconsiderados dos grupos brancos de baixa renda quanto à habitação e à educação, por outro. Tudo o que esse modo de ação poderia fazer – e de fato fez – foi trazer essas condições à luz do dia, para a rua, onde a irreconciliabilidade básica dos interesses foi perigosamente exposta.

Mas mesmo a violência de hoje, os tumultos dos negros e a violência potencial da reação branca ainda não são manifestações de ideologias racistas e de sua lógica assassina. (Os tumultos, afirmou-se recentemente, são "protestos articulados em defesa de queixas genuínas";[29] de fato, "restrição e seletividade ou [...] racionalidade estão certamente entre as [suas] características mais cruciais".[30] E muito disso também é verdadeiro para o fenômeno de reação que, contrariamente a todas as predições, até agora não se caracterizou pela violência. Ela é a reação perfeitamente racional de certos grupos de interesse que protestam com fúria por terem sido designados a pagar sozinhos o preço de políticas de integração mal concebidas, de cujas consequências seus autores podem facilmente escapar.)[31] O maior perigo vem de outra direção; posto que a violência sempre precisa de justificação, uma escalada da violência nas ruas pode trazer consigo uma ideologia verdadeiramente racista para justificá-la. O racismo negro, tão ruidosamente evidente no "manifesto" de James Forman, é provavelmente mais uma reação aos tumultos caóticos dos últimos anos do que a sua causa. Por certo, ele poderia provocar uma

---

29 *Ibidem.*

30 *Ibidem.* Ver também o excelente artigo "Official Interpretation of Racial Riots", de Allan A. Silver, na mesma coletânea.

31 Ver Apêndice XVII, p. 116.

reação branca realmente violenta, cujo maior perigo seria a transformação dos preconceitos dos brancos em uma ideologia racista plenamente desenvolvida, para a qual a "lei e a ordem" ter-se-iam tornado meras fachadas. Nesse caso ainda improvável, o clima da opinião no país poderia deteriorar-se a ponto de a maioria de seus cidadãos desejar pagar o preço do terror invisível de um Estado policial que garantisse a lei e a ordem nas ruas. Aquilo que temos agora, uma espécie de reação policial, bastante brutal e altamente visível, não é nada disso.

O comportamento e os argumentos em conflitos de interesse não são notórios por sua "racionalidade". Infelizmente, nada tem sido tão refutado pela realidade do que o credo em um "interesse próprio esclarecido", tanto em sua versão literal quanto em sua variante marxista mais sofisticada. Alguma experiência adicionada a um pouco de reflexão ensina, pelo contrário, que ser esclarecido vai contra a natureza do interesse próprio. Tomemos como um exemplo da vida cotidiana o conflito ordinário de interesses entre inquilino e proprietário: o interesse esclarecido focalizaria um edifício adequado à habitação humana, mas esse interesse é completamente diferente, e em muitos casos mesmo o oposto, do interesse do proprietário por alto lucro e ao interesse do inquilino por um aluguel baixo. A resposta comum de um árbitro, supostamente o porta-voz do "esclarecimento", isto é, que a *longo prazo* o interesse do edifício é o *verdadeiro* interesse de ambas as partes, deixa fora de consideração o fator tempo, que é de suprema importância para todos os envolvidos. O interesse próprio está interessado no eu, e o eu morre, muda-se ou vende a casa; por causa de sua condição mutável, quer dizer, fundamentalmente por causa da condição humana da mortalidade, o eu *qua* eu não pode raciocinar em termos do interesse de longo prazo, quer dizer, o interesse de um mundo que sobrevive aos seus habitantes. A deterioração do edifício é uma questão de anos; um aumento no aluguel ou uma taxa de lucro temporariamente baixa é uma questão para hoje ou para amanhã. E algo similar, *mutatis mu-*

tandis, é certamente verdadeiro para os conflitos trabalhistas e afins. Quando quer que se exija do interesse próprio que ele ceda ao "verdadeiro" interesse – isto é, o interesse do mundo, distinto daquele do eu –, este sempre replicará: minha camisa está próxima, mas muito mais próxima está minha pele. Isso pode não ser particularmente razoável, mas é absolutamente realista, é a resposta não muito nobre, mas adequada à discrepância temporal entre a vida privada dos homens e a expectativa de vida, totalmente diferente, do mundo público. Esperar de pessoas que não têm a menor noção acerca do que é a *res publica*, a coisa pública, que se comportem de maneira não violenta e discutam racionalmente em questões de interesse não é realista nem razoável.

A violência, sendo instrumental por natureza, é racional à medida que é eficaz em alcançar o fim que deve justificá-la. E, posto que, quando agimos, nunca sabemos com certeza quais serão as consequências finais do que estamos fazendo, a violência só pode permanecer racional se almeja objetivos a curto prazo. Ela não promove causas, nem a história, nem a revolução, nem o progresso, nem o retrocesso; mas pode servir para dramatizar queixas e trazê-las à atenção pública. Como observou certa vez Conor Cruise O'Brien (em um debate sobre a legitimidade da violência no Teatro das Ideias), citando Willian O'Brien, o agricultor irlandês agitador e nacionalista do século XIX: algumas vezes a "violência é a única forma de assegurar que a moderação seja ouvida". Exigir o impossível a fim de obter o possível nem sempre é contraproducente. E de fato, ao contrário do que seus profetas tentam nos dizer, a violência é mais a arma da reforma que da revolução. A França não teria obtido seu projeto de lei mais radical desde Napoleão para mudar seu antiquado sistema educacional se os estudantes franceses não se tivessem revoltado; se não fosse pelos tumultos do semestre de primavera, ninguém na Universidade Columbia teria sonhado em aceitar reformas;[32] e é provavelmente bastante verdadeiro que, na Alemanha Ocidental, a existência de "minorias discordantes jamais seja notada a não ser que se engajem na provocação".[33] Sem dúvida, a "violência compensa", mas o problema é que ela compensa indiscriminadamente tanto para "cursos de *soul*" e instrução em suaíli quanto para reformas genuínas. E, visto que as táticas da violência e da subversão só fazem sentido para objetivos a curto prazo, é ainda mais provável (como foi recentemente o caso nos Estados Unidos) que os poderes estabelecidos cedam a exigências insensatas e obviamente prejudiciais — tais como admitir estudantes sem as qualificações necessárias e instruí-los em disciplinas inexistentes —, caso tais "reformas" possam ser feitas com relativa facilidade, do que a violência seja eficaz em relação ao objetivo de mudança estrutural a um relativo longo prazo.[34] Além do mais, o perigo da violência, mesmo se ela se move conscientemente dentro de uma estrutura não extremista de objetivos de curto prazo, sempre

---

32 "Em Columbia, antes do levante do ano passado, por exemplo, um relatório sobre a vida estudantil e outro sobre a moradia estudantil acumulavam poeira no escritório do presidente", como relatou Fred Hechinger em "The Week in Review", *The New York Times,* 4 de maio de 1969.

33 Rudi Dutschke, como citado no *Der Spiegel,* 10 de fevereiro de 1969, p. 27. Günter Grass, falando no mesmo sentido após o ataque a Dutschke na primavera de 1968, também acentua a relação entre reformas e violência: "O movimento de protesto jovem evidenciou a fragilidade de nossa democracia insuficientemente estabelecida. Nisso ele foi bem-sucedido, mas é bastante incerto para onde esse sucesso nos levará; ou levará a reformas há muito atrasadas [...] ou [...] a incerteza que agora foi revelada proporcionará mercados promissores e propaganda gratuita a falsos profetas." Ver "Violence Rehabilitated", *Speak Out!,* Nova York, 1969.

34 Outra questão, que não temos como discutir aqui, é até que ponto o sistema universitário como um todo é ainda capaz de reformar a si mesmo. Penso que não há resposta geral. Mesmo se a rebelião estudantil é um fenômeno global, os sistemas universitários não são de modo algum uniformes e variam não apenas de país para país, mas também de instituição para instituição; todas as soluções do problema devem originar-se das, e corresponder às, condições estritamente locais. Assim, em certos países, a crise universitária pode até mesmo expandir-se para uma crise governamental — como pensa ser possível *Der Spiegel,* de 23 de junho de 1969, discutindo a situação alemã.

será o de que os meios se sobrepõem ao fim. Se os objetivos não são alcançados rapidamente, o resultado será não apenas a derrota, mas a introdução da prática da violência na totalidade do corpo político. A ação é irreversível, e um retorno ao *status quo* em caso de derrota é sempre improvável. A prática da violência, como toda ação, muda o mundo, mas a mudança mais provável é para um mundo mais violento.

Por fim – para retornar às denúncias do sistema como tal por Sorel e Pareto –, quanto maior é a burocratização da vida pública, maior será a atração pela violência. Em uma burocracia plenamente desenvolvida não há ninguém a quem se possa inquirir, a quem se possam apresentar queixas, sobre quem exercer as pressões do poder. A burocracia é a forma de governo na qual todas as pessoas estão privadas da liberdade política, do poder de agir; pois o domínio de Ninguém não é um não domínio, e onde todos são igualmente impotentes temos uma tirania sem tirano. O traço crucial nas rebeliões estudantis em todo o mundo é que elas são dirigidas em todo lugar contra a burocracia dominante. Isto explica o que, à primeira vista, parece ser tão perturbador – que as rebeliões no Leste exijam precisamente aquelas liberdades de expressão e pensamento que os jovens rebeldes do Ocidente dizem desprezar como irrelevantes. No plano das ideologias, a coisa toda é confusa; ela o é muito menos se partirmos do óbvio fato de que as imensas máquinas partidárias conseguiram sobrepujar a voz dos cidadãos em todo lugar, mesmo em países onde a liberdade de discurso e de associação ainda está intacta. Os dissidentes e resistentes no Leste exigem a liberdade de discurso e pensamento como condições preliminares para a ação política; os rebeldes do Ocidente vivem sob condições em que estas preliminares não mais abrem os canais para a ação, para o exercício significativo da liberdade. O que importa para eles é, de fato, a "*Praxisentzug*", a suspensão da ação, como a chamou apropriadamente o estudante alemão Jens Litten.[35] A transformação do governo em admi-

---

35 Ver Apêndice XVIII, p. 117.

nistração, ou das repúblicas em burocracias, e o desastroso encolhimento da esfera pública que a acompanhou têm uma longa e complicada história ao longo da época moderna; e esse processo tem sido consideravelmente acelerado durante os últimos cem anos por meio do surgimento das burocracias partidárias. (Há setenta anos, Pareto reconheceu que a liberdade, ou seja, o poder de agir, encolhe todos os dias, a não ser para os criminosos nos chamados países livres e democráticos.)[36] O que faz do homem um ser político é sua faculdade para a ação; ela o capacita a reunir-se com seus pares, a agir em concerto e a almejar objetivos e empreendimentos que jamais passariam por sua mente, para não falar nos desejos de seu coração, se a ele não tivesse sido concedido esse dom – o de aventurar-se em algo novo. Filosoficamente falando, agir é a resposta humana para a condição da natalidade. Posto que todos adentramos o mundo em virtude do nascimento, como recém-chegados e iniciadores, somos aptos a começar algo novo; sem o fato do nascimento jamais saberíamos o que é a novidade e toda "ação" seria ou mero comportamento ou preservação. Nenhuma outra faculdade, a não ser a linguagem – e não a razão ou a consciência –, distingue-nos tão radicalmente de todas as espécies animais. Agir e começar não são o mesmo, mas são intimamente conexos.

Nenhuma das propriedades da criatividade é expressa adequadamente em metáforas extraídas do processo da vida. Gerar e parir não são mais criativos do que o morrer é aniquilante; eles são apenas fases diferentes do mesmo ciclo, sempre recorrente, em que todas as coisas são mantidas como se estivessem encantadas. Nem a violência nem o poder são fenômenos naturais, isto é, uma manifestação do processo vital; eles pertencem ao âmbito político dos negócios humanos, cuja qualidade essencialmente humana é garantida pela faculdade do homem para agir, a habilidade para começar algo novo. E penso que pode ser demonstrado que nenhuma outra habilidade humana sofreu tanto com o progresso da

---

36 Pareto, citado de Finer, *op. cit.*

época moderna, pois o progresso, como viemos a entendê-lo, significa crescimento, o processo implacável de ser mais e mais, maior e maior. Quanto maior torna-se um país em termos populacionais, de objetos e de posses, tanto maior será a necessidade de administração e, com ela, o poder anônimo dos administradores. Pavel Kohout, um autor tcheco, escrevendo no auge do experimento da Tchecoslováquia com a liberdade, definiu um "cidadão livre" como um "cidadão codirigente". Com isso, não queria dizer nada mais nada menos do que "democracia participativa", da qual tanto temos ouvido falar nos anos recentes no Ocidente. Kohout acrescentou que aquilo de que o mundo mais depende hoje bem pode ser um "novo exemplo", se "os próximos mil anos não se tornarem uma época de macacos supercivilizados" – ou pior, de "homens transformados em galinhas ou ratos", governados por uma "elite" que obtém seu poder "dos sábios conselhos de [...] assessorias intelectuais" que de fato acreditam que os homens em *"think tanks"*[37] são pensadores e que computadores podem pensar; "os conselhos podem acabar tornando-se incrivelmente insidiosos e, em vez de almejarem objetivos humanos, podem visar a problemas completamente abstratos que tenham sido transformados de maneira inédita em um cérebro artificial".[38]

Esse novo exemplo dificilmente será estabelecido pela prática da violência, embora eu esteja inclinada a pensar que muito da presente glorificação da violência seja causado pela severa frustração da faculdade de

---

37 Um *think tank* (expressão inglesa que significa "catalisador de ideias") é uma instituição, organização ou grupo de investigação que produz conhecimento e oferece ideias sobre assuntos relacionados com política, comércio, indústria, estratégia, ciência, tecnologia, ou mesmo assuntos militares. O termo surgiu nos Estados Unidos durante a Segunda Guerra Mundial, para designar uma sala onde se reunissem oficiais graduados do exército americano para manter discussões estratégicas sobre combate, mobilização de tropas ou mesmo sobre a logística de equipamentos e suprimentos durante as operações de combate. [*N. do T.*]

38 Ver Günter Grass e Pavel Kohout, *Briefe über die Grenze*, Hamburgo, 1968, p. 88 e 90, respectivamente; e Andrei D. Sakharov, *op. cit.*

ação no mundo moderno. É simplesmente verdadeiro que tumultos nos guetos e rebeliões nos *campi* façam "com que as pessoas sintam estar agindo em conjunto de uma maneira que só raramente podem fazer".[39] Não sabemos se essas ocorrências são o começo de algo novo – o "novo exemplo" – ou a morte agônica de uma faculdade que a humanidade está a ponto de perder. Tal como estão as coisas hoje, quando vemos quão atoladas estão as superpotências sob o peso monstruoso de sua própria grandeza, parece que o estabelecimento do "novo exemplo" terá uma chance – se tanto – em países pequenos ou em setores pequenos e bem definidos nas sociedades de massa das superpotências.

Os processos de desintegração que se tornaram tão evidentes nos anos recentes – o declínio dos serviços públicos: escolas, polícia, correio, coleta de lixo, transporte etc.; a taxa de mortalidade nas estradas e os problemas de tráfego nas cidades; a poluição do ar e da água – são os resultados automáticos das necessidades das sociedades de massa que se tornaram incontroláveis. Elas são acompanhadas, e frequentemente aceleradas, pelo declínio simultâneo dos vários sistemas de partidos, todos de origem mais ou menos recente e destinados a servir às necessidades políticas das massas populacionais – no Ocidente, tornar possível o governo representativo quando a democracia participativa não poderia sê-lo, pois "não há lugar para todos na sala" (John Selden), e, no Leste, tornar eficaz o domínio absoluto sobre vastos territórios. A grandeza é afligida com a vulnerabilidade; as fendas na estrutura de poder de todos, à exceção dos países pequenos, estão se abrindo e alargando. E, ao passo que não se pode dizer com segurança onde e quando será alcançado o ponto de ruptura, podemos observar, quase medir, quanto o vigor e a resistência de nossas instituições são insidiosamente destruídos, escoando gota após gota, por assim dizer.

---

39 H.-J. Gans, "The Ghetto Rebellions and Urban Class Conflict", *in Urban Riots, op. cit.*

Além do mais, há o recente surgimento de um tipo novo e curioso de nacionalismo, em geral entendido como uma virada para a direita, mas que é mais provavelmente um indício de um crescente ressentimento mundial contra a "grandeza" como tal. Enquanto os sentimentos nacionais tendiam anteriormente a unir vários grupos étnicos ao focalizar seus sentimentos políticos na nação como um todo, vemos agora como um "nacionalismo" étnico começa a ameaçar com a dissolução os Estados-nações mais velhos e mais bem estabelecidos. Os escoceses e os galeses, os bretões e os provençais, grupos étnicos cuja assimilação bem-sucedida fora o pré-requisito para a emergência do Estado-nação, e que parecia completamente assegurada, estão se voltando para o separatismo em rebelião contra os governos centralizados de Londres e Paris. E, justamente agora que a centralização, sob o impacto da grandeza, mostra-se contraproducente em seus próprios termos, os Estados Unidos, que foram fundados de acordo com o princípio federativo da divisão dos poderes e permaneceram poderosos enquanto esta divisão foi respeitada, lançaram-se impetuosamente, com o aplauso unânime de todas as forças "progressistas", na nova experiência, ao menos neste país, da administração centralizada – em que o governo federal subjuga os poderes dos estados e o Poder Executivo mina os poderes do Congresso.[40] É como se a mais bem-sucedida colônia europeia desejasse compartilhar o destino da metrópole em seu declínio, repetindo precipitadamente os próprios erros que os elaboradores da Constituição visaram a corrigir e eliminar.

Quaisquer que sejam as vantagens e desvantagens administrativas da centralização, seu resultado político é sempre o mesmo: a monopolização do poder causa o ressecamento ou o esgotamento de todas as fontes autênticas de poder no país. Nos Estados Unidos, baseados em uma grande pluralidade de poderes e em seu sistema de fiscalização e equilíbrio mútuos, estamos confrontados não apenas com a desintegração das estruturas de

---

40 Ver o importante artigo de Henry Steele Commager, p. 71, nota de rodapé 79.

poder, mas com a perda de firmeza e ineficácia do poder aparentemente ainda intacto e livre para manifestar-se. Falar de uma impotência do poder já não é mais um paradoxo espirituoso. A cruzada do senador Eugene McCarthy, em 1968, "para testar o sistema", trouxe às claras o ressentimento popular contra as aventuras imperialistas, proporcionou um elo entre a oposição no Senado e a das ruas, reforçou uma mudança espetacular, pelo menos temporária, na política, e demonstrou quão rapidamente a maioria dos jovens rebeldes poderia desalienar-se e agarrar-se à primeira oportunidade, não para destruir o sistema, mas para fazê-lo funcionar novamente. E, ainda assim, todo esse poder pôde ser esmagado pela burocracia do partido, que, contrariamente a todas as tradições, preferiu perder as eleições presidenciais com um candidato impopular, só porque ele era um *apparatchik*. (Algo similar aconteceu quando Rockefeller perdeu a indicação para Nixon, na convenção republicana.)

Há outros exemplos para demonstrar a curiosa contradição inerente à impotência do poder. Por causa da enorme eficácia do trabalho de equipe nas ciências, o que talvez seja a mais evidente contribuição americana para a ciência moderna, podemos controlar os processos mais complicados com uma precisão que faz com que viagens à Lua sejam menos perigosas que simples excursões de fim de semana; mas o supostamente "maior poder sobre a Terra" é impotente para acabar com uma guerra – claramente desastrosa para todos os envolvidos – em um dos menores países do planeta. É como se tivéssemos caído sob o encantamento de uma terra de fadas que nos permite fazer o "impossível", sob a condição de que percamos a capacidade de fazer o possível; que nos permite realizar façanhas fantasticamente extraordinárias, sob a condição de não mais sermos capazes de atender adequadamente às nossas necessidades cotidianas. Se o poder tem algo a ver com o *queremos*-e-podemos, enquanto distinto do mero nós-podemos, então temos de admitir que nosso poder tornou-se impotente. Os progressos feitos pela ciência nada têm a ver com o eu-quero; seguem suas próprias leis inexoráveis, obrigando-nos a fazer o que quer que possamos sem considerar as consequências. Será que o eu-quero e o eu-posso separaram-se? Valéry estava certo quando disse há cinquenta anos: *"On peut dire que tout ce que nous savons, c'est-à-dire tout ce que nous pouvons, a fini par s'opposer à ce que nous sommes"?* [Pode-se dizer que tudo o que sabemos, isto é, tudo o que podemos, finalmente voltou-se contra aquilo que somos?]

Mais uma vez, não sabemos aonde esses desenvolvimentos podem nos conduzir, mas sabemos, ou deveríamos saber, que cada diminuição no poder é um convite à violência – pelo menos porque aqueles que detêm o poder e o sentem escapar de suas mãos, sejam eles os governantes, sejam os governados, têm sempre achado difícil resistir à tentação de substituí-lo pela violência.

Apêndice

I
à página 27, nota 17

O professor B.C. Parekh, da Hull University, Inglaterra, gentilmente chamou minha atenção para a seguinte passagem na seção sobre Feuerbach, de *A ideologia alemã* (1846), de Marx e Engels, a respeito da qual Engels mais tarde escreveria: "A parte acabada [...] mostra apenas quão incompletos eram os nossos conhecimentos de história econômica naquela época." "Tanto para a produção desta consciência comunista em escala de massa quanto para o sucesso da própria causa, é necessária uma mudança do homem [*des Menschen*] em escala de massa, uma mudança que só pode ter lugar em um movimento da prática, uma *revolução*; esta revolução é necessária, portanto, não apenas porque a classe dominante não pode ser derrotada de outra forma, mas também porque apenas em uma revolução a classe que a *derrotar* poderá ter sucesso em livrar-se de toda a sujeira dos tempos e tornar-se apta a fundar novamen-

HANNAH ARENDT

te a sociedade" (citado da edição de R. Pascal, Nova York, 1960, p. xv e 69). Mesmo nestas afirmações pré-marxistas, por assim dizer, a distinção entre as posições de Marx e Sartre é evidente. Marx fala da "mudança do homem em larga escala" e da "produção em massa da consciência", e não da liberação de um indivíduo por meio de um ato isolado de violência. (Para o texto alemão, ver Marx-Engels, *Gesamtausgabe*, 1932, I Abteilung, vol. 5, p. 59 e seguintes.)

II
à página 27, nota 18

O afastamento inconsciente da nova esquerda em relação ao marxismo tem sido devidamente observado. Ver especialmente os comentários recentes sobre o movimento estudantil por Leonard Schapiro, na *New York Review of Books*, 5 de dezembro de 1968, e por Raymond Aron, em *La Révolution Introuvable*, Paris, 1968. Ambos consideram a nova ênfase na violência uma espécie de retrocesso ou ao socialismo utópico pré-marxista (Aron), ou ao anarquismo russo de Nechaev e Bakunin (Schapiro), que "tinha muito a dizer a respeito da importância da violência como um fator de unidade, como a força de ligação em uma sociedade ou grupo, um século antes que as mesmas ideias aparecessem nas obras de Jean-Paul Sartre e Frantz Fanon". Aron escreve no mesmo sentido: "*Les chantres de la révolution de mai croient dépasser le marxisme* [...] *ils oublient un siècle d'histoire*" (p. 14) [Os poetas da revolução de maio acreditam ultrapassar o marxismo [...] eles esquecem um século de história]. Para um não marxista, tal inversão por certo dificilmente seria um argumento, mas, para Sartre, que escreve, por exemplo: "*Un prétendu 'dépassement' du marxisme ne sera au pis qu'un retour au pré-marxisme, au mieux que la redécouverte d'une pensée déjà contenue dans la philosophie qu'on a cru dépasser*" [Uma pretensa "ultrapassagem" do marxismo será, no pior dos casos, somente um retorno ao pré-mar-

APÊNDICE

xismo, e, no melhor, a redescoberta de um pensamento já contido na filosofia que se pretendia superar] ("Question de Méthode", *in Critique de la Raison Dialectique*, Paris, 1960, p. 17), ela deve constituir uma objeção formidável. (Que Sartre e Aron, embora oponentes políticos, estejam de pleno acordo a este respeito, é notável. Isto mostra o quanto o conceito de história de Hegel domina simultaneamente o pensamento de marxistas e não marxistas.)

O próprio Sartre, em sua *Crítica da razão dialética*, dá um tipo de explicação hegeliana para o seu enlace com a violência. Seu ponto de partida é o de que a "necessidade e a escassez determinaram as bases maniqueístas da ação e da moral" na história presente, "cuja verdade é baseada na escassez [e] deve manifestar-se em um antagonismo recíproco entre as classes". A agressão é a consequência da necessidade em um mundo onde "não há o suficiente para todos". Em tais circunstâncias, a violência não é mais um fenômeno marginal. "A violência e a contraviolência são talvez contingências, mas são necessidades contingentes, e a consequência imperativa de toda tentativa de destruir essa desumanidade é que, ao destruir no adversário a desumanidade do anti-homem, só posso destruir nele a humanidade do homem e realizar em mim mesmo sua desumanidade. Se mato, torturo ou escravizo [...] minha meta é suprimir a sua liberdade – trata-se de uma força alheia, *de trop*." Seu modelo para uma condição na qual "cada um é demais [...] Cada um é *redundante* para o outro" é uma fila de ônibus, cujos membros obviamente "não tomam conhecimento um do outro a não ser como um número em uma série quantitativa". Ele conclui: "Eles negam reciprocamente qualquer vínculo entre seus mundos interiores." Disso, segue-se que a práxis "é a negação da alteridade, que é ela mesma uma negação" – uma conclusão altamente bem-vinda, posto que a negação de uma negação é uma afirmação.

A falha no argumento me parece óbvia. Há toda a diferença do mundo entre "não tomar conhecimento" e "negar", entre "negar qualquer vínculo" com alguém e "negar" sua alteridade; e para uma pessoa sã há ainda uma enorme distância entre esta "negação" teórica e matar, torturar e escravizar.

A maior parte das citações anteriores foi tirada do livro de R.D. Laing e D.G. Cooper, *Reason and Violence. A Decade of Sartre's Philosophy, 1950 – 1960*, Londres, 1964, Parte Três. Isso parece legítimo porque Sartre diz no prefácio: *"J'ai lu attentivement l'ouvrage que vous avez bien voulu me confier et j'ai eu le grand plaisir d'y trouver un exposé très clair et très fidèle de ma pensée"* [Li com atenção a obra que vocês me enviaram e tive o grande prazer de encontrar aí uma exposição muito clara e muito fiel de meu pensamento].

III
à página 28, nota 21

Eles estão de fato muito misturados. Os estudantes radicais se congregam facilmente com desajustados, hippies, viciados em drogas e psicopatas. A situação fica ainda mais complicada pela insensibilidade dos poderes estabelecidos para as distinções frequentemente sutis entre crime e irregularidade, distinções que são de grande importância. *Sit-ins* e ocupações de prédios não são o mesmo que incêndios provocados intencionalmente ou revolta armada e a diferença não é apenas de grau. (Contrariamente à opinião de um dos membros do Quadro de Conselheiros de Harvard, a ocupação de um prédio universitário não é o mesmo que a invasão de uma filial do First National City Bank por uma multidão das ruas, pela simples razão de que os estudantes transgridem uma propriedade cujo uso por certo está sujeito a regras, mas à qual eles pertencem e que pertence a eles tanto quanto aos professores e administradores.) Ainda mais alarmante é a inclinação dos professores e dos administradores para tratar viciados em drogas e elementos criminosos (no City College, em Nova York, e na Cornell University) com brandura muito mais considerável do que o fazem com os autênticos rebeldes.

APÊNDICE

Helmut Schelsky, cientista social alemão, descreveu já em 1961 (em *Der Mensch in der wissenschaftlichen Zivilisation*, Colônia e Opladen, 1961) a possibilidade de um "niilismo metafísico", no sentido da radical negação social e espiritual "de toda a reprodução do processo técnico--científico do homem", isto é, o dizer um não ao "mundo emergente de uma civilização científica". Chamar essa atitude de "niilista" pressupõe uma aceitação do mundo moderno como o único mundo possível. O desafio dos jovens rebeldes concerne justamente a esse ponto. Há de fato muito sentido em inverter as coisas e afirmar, como o fizeram Sheldon Wolin e John Schaar, *in op. cit.*: "O grande perigo no presente é que os estabelecidos e respeitáveis [...] parecem preparados para seguir a negação niilista o mais profundamente possível, que é a negação do futuro por meio da negação de suas próprias crianças, os portadores do futuro."

Nathan Glazer, em seu artigo "Student Power at Berkeley", *The Universities*, número especial de *Public Interest*, outono de 1968, escreve: "Os estudantes radicais [...] lembram-me mais os destruidores de máquinas ludistas do que os operários socialistas sindicalizados que conseguiram cidadania e poder para os trabalhadores", e, a partir desta impressão, ele conclui que Zbigniew Brzezinski (em um artigo sobre Columbia em *The New Republic*, de 1º de junho de 1968) pode estar certo em seu diagnóstico: "Muito frequentemente as revoluções são o último espasmo do passado e, assim, não são realmente revoluções, mas contrarrevoluções operando em nome das revoluções." Não é estranho este viés em favor de uma marcha para a frente a qualquer preço em dois autores geralmente considerados conservadores? E ainda não é mais estranho que Glazer tivesse permanecido incônscio das diferenças decisivas entre as máquinas de manufatura na Inglaterra do início do século XIX e o instrumental desenvolvido na metade do século XX, o qual mostrou ser destrutivo mesmo quando parecia ser o mais benéfico – a descoberta da energia nuclear, a automação, a medicina, cujos poderes

IV
à página 29, nota 24

Buscar precedentes e analogias onde inexistem, evitar informar e refletir a respeito do que está sendo feito e dito em termos dos próprios eventos, sob o pretexto de que deveríamos aprender as lições do passado, particularmente da era entre as duas guerras mundiais, tornou-se característico de grande parte das discussões correntes. Totalmente isento desta forma de escapismo é o relato esplêndido e perspicaz de Stephen Spender sobre o movimento estudantil, citado anteriormente. Ele é um dos poucos de sua geração a estar plenamente vivo para o presente *e* a lembrar-se suficientemente de sua própria juventude, de modo a estar atento às diferenças de humor, estilo, pensamento e ação. ("Os estudantes de hoje são completamente diferentes dos de Oxbridge, Harvard, Princeton e Heidelberg, de quarenta anos atrás", p. 165.) Mas a atitude de Spender é compartilhada por todos aqueles, não importa de qual geração, que se preocupam verdadeiramente com o futuro do homem e do mundo, distintamente dos que apenas jogam seus jogos com isto. (Wolin e Schaar, *op. cit.*, falam do "renascimento do sentido de um destino compartilhado" como uma ponte entre as gerações, de "nossos medos comuns de que as armas científicas possam destruir toda vida, de que a tecnologia desfigure crescentemente os homens que vivem na cidade, assim como ela já corrompeu a terra e obscureceu o céu", de que "o 'progresso' da indústria destrua a possibilidade do trabalho interessante e de que as 'comunicações' apaguem os últimos traços da variedade das culturas, que têm sido a herança de todas as sociedades, à exceção das mais ignorantes".) Parece bastante natural que isso mais frequentemente devesse ser verdadeiro para físicos e biólogos do que

APÊNDICE

para os membros das ciências sociais, embora os estudantes das primeiras faculdades tenham sido muito mais lentos em levantar-se para a rebelião do que os seus companheiros das humanidades. Assim, Adolf Portmann, o famoso biólogo suíço, vê a brecha existente entre as gerações como tendo pouco a ver com um conflito entre Jovem e Velho; ela coincide com o surgimento da ciência nuclear; "a situação resultante do mundo é inteiramente nova [...] [ela] não pode ser comparada nem mesmo à mais poderosa revolução do passado" (em um panfleto intitulado *Manipulation des Menschen als Schicksal und Bedrohung*, Zurique, 1969). E o ganhador do Prêmio Nobel da Paz, George Wald, de Harvard, em seu famoso discurso no MIT, em 4 de março de 1969, acentuou corretamente que tais professores compreendem "as razões do desconforto [de seus estudantes] melhor do que eles mesmos", e, o que é mais importante, que eles "o compartilham", *op. cit.*

V
à página 30, nota 26

A presente politização das universidades, corretamente deplorada, é em geral atribuída aos estudantes revoltosos, acusados de atacar as universidades porque elas constituem o elo mais fraco na cadeia do poder estabelecido. É perfeitamente verdadeiro que as universidades não estarão aptas a sobreviver se a "imparcialidade intelectual e a busca desinteressada da verdade" chegarem ao fim; e, o que é pior, é improvável que qualquer tipo de sociedade civilizada seja capaz de sobreviver ao desaparecimento destas curiosas instituições, cuja principal função política e social jaz precisamente em sua imparcialidade e independência em relação às pressões sociais e ao poder político. O poder e a verdade, ambos legítimos em suas próprias prerrogativas, são fenômenos essencialmente distintos, e a busca por eles resulta em modos de vida existencialmente diferentes. Zbigniew Brzezinski, em "America in the Technotronic Age" (*Encounter*, janeiro de

1968), vê esse perigo, mas está ou resignado, ou pelo menos não devidamente alarmado pelo prospecto. A tecnotrônica, ele crê, desembocará em uma nova "supercultura" sob a condução dos novos "intelectuais orientados para a organização e de mentalidade prática" (ver especialmente a recente análise crítica de Noam Chomsky, "Objectivity and Liberal Scholarship", *in op. cit.*). Bem, é muito mais provável que essa nova casta de intelectuais, anteriormente conhecidos como tecnocratas, levará a uma era de tirania e total esterilidade.

Como quer que seja, a questão é que a politização das universidades pelo movimento estudantil foi precedida de sua politização pelos poderes estabelecidos. Os fatos são tão conhecidos que dispensam ênfase, mas é bom ter em mente que não se trata apenas da questão da pesquisa militar. Henry Steele Commager denunciou recentemente "a universidade como agência de empregos" (*The New Republic*, 24 de fevereiro de 1968). Realmente, "por nenhum esforço de imaginação pode alegar-se que a Dow Chemical Company, a Marinha ou a CIA sejam empresas educacionais", ou instituições cuja meta é a busca da verdade. E o prefeito John Lindsay levantou a questão acerca do direito da universidade para denominar-se "a si mesma uma instituição especial, separada de objetivos mundanos, ao mesmo tempo que ela se entrega à especulação imobiliária e ajuda a planejar e avaliar projetos para os militares no Vietnã" (*The New York Times*, "The Week in Review", 4 de maio de 1969). Alegar que a universidade é "o cérebro da sociedade" ou da estrutura de poder é uma insensatez perigosa e arrogante – já simplesmente porque a sociedade não é um "corpo", para não falar de um corpo sem cérebro.

A fim de evitar mal-entendidos: concordo plenamente com Stephen Spender em que seria uma estupidez os estudantes destruírem as universidades (embora eles sejam os únicos que possam fazê-lo de modo eficaz pela simples razão de que têm números e, portanto, poder real, a seu favor), posto que os *campi* constituem não apenas a sua base real, mas também a única possível. "Sem a universidade não haveria estudantes"

APÊNDICE

(p. 22). Mas as universidades permanecerão uma base para os estudantes apenas enquanto fornecerem o único lugar na sociedade em que o poder não tenha a última palavra – não obstante todas as perversões e hipocrisias a seu contrário. Na situação presente, há o perigo de que tanto os estudantes quanto os poderes constituídos, como no caso de Berkeley, ajam desesperadamente; se isso acontecer, os jovens rebeldes terão apenas traçado mais uma linha naquilo que foi corretamente chamado de "o esboço do desastre" (professor Richard A. Falk, de Princeton).

VI
à página 32, nota 31

Fred M. Hechinger, no artigo, "Campus Crisis", *The New York Times*, "The Week in Review" (4 de maio de 1969), escreve: "Visto que as exigências dos estudantes negros em especial são normalmente justificadas em substância [...] a reação é geralmente simpática." Parece bastante característico das atitudes do presente a esse respeito que o "Manifesto às Igrejas Cristãs dos Brancos e às Sinagogas Judaicas nos Estados Unidos, bem como a todas as outras Instituições Racistas", de James Forman — embora lido e distribuído publicamente, tornando-se deste modo certamente uma "notícia apta à sua publicação" —, tenha permanecido impublicado até que o *New York Review of Books* (de 10 de julho de 1969) o imprimisse sem a Introdução. Seu conteúdo, com certeza, não é mais do que mera fantasia semianalfabeta e não deve ser levado a sério. Mas ele é mais do que uma piada, e não é segredo que hoje a comunidade negra abandone-se melancolicamente a tais fantasias. É compreensível que as autoridades estejam assustadas. O que não pode ser entendido nem perdoado é a sua falta de imaginação. Não é óbvio que o sr. Forman e seus seguidores, se não encontram oposição na comunidade em larga escala, e mesmo recebem uma pequena soma pacificadora em dinheiro, são forçados a tentar executar um programa no qual eles mesmos talvez nunca tenham acreditado?

VII
à página 32, nota 32

Em carta ao *New York Times* (datada de 9 de abril de 1969), Lynd menciona apenas "ações subversivas não violentas, tais como greves e *sit-ins*", ignorando para seus propósitos os distúrbios tumultuosos e violentos da classe trabalhadora na década de 1920, e pergunta por que essas táticas "aceitas para uma geração nas relações de trabalho [...] são rejeitadas quando praticadas em um *campus*? [...] quando um sindicalista é demitido de um setor da fábrica, seus associados cruzam os braços até que a reivindicação seja resolvida". É como se Lynd tivesse aceitado uma imagem da universidade, infelizmente não rara entre conselheiros e administradores, de acordo com a qual o *campus* pertence ao quadro de conselheiros, que contrata administradores para gerir sua propriedade e que, por sua vez, contratam docentes para servir a seus clientes, os estudantes. Não há realidade que corresponda a essa "imagem". Não importa quão agudos possam vir a tornar-se os conflitos no mundo acadêmico, eles não são uma questão de interesses conflitantes de guerra de classes.

VIII
à página 32, nota 33

Bayard Rustin, o líder negro do movimento pelos direitos civis, disse tudo o que precisava ser dito a este respeito: os funcionários das universidades deveriam "parar de capitular diante das estúpidas exigências dos estudantes negros"; está errado se o "sentimento de culpa e o masoquismo de um grupo permitem a outro segmento da sociedade que empunhe armas em nome da justiça"; os estudantes negros estavam "sofrendo o choque da integração" e procurando "uma saída fácil para lidar com seus problemas"; o que os estudantes negros precisam é de um "treinamento emergencial", de modo que "possam fazer contas e escrever uma frase corretamente" e não de "cursos de *soul*" (citado do *Daily News*,

28 de abril de 1969). Que acusação sobre o estado moral e intelectual da sociedade, constatar que muita coragem foi necessária para falar o óbvio nestes assuntos! Ainda mais assustadora é a perspectiva bastante provável de que, em cinco ou dez anos, esta "educação" em suaíli (uma espécie de não língua do século XIX, falada nas caravanas árabes de marfim e escravos, uma mistura híbrida de um dialeto banto com um enorme empréstimo de palavras árabes; ver *Enciclopédia Britânica*, 1961), literatura africana e outras disciplinas inexistentes seja interpretada como mais uma armadilha do homem branco para impedir os negros de receber uma educação adequada.

IX
à página 34, nota 37

O "Manifesto" de James Forman (adotado pela Conferência Nacional para o Desenvolvimento Econômico Negro), mencionado anteriormente, e que ele apresentou às igrejas e sinagogas como "apenas o começo das reparações devidas a nós enquanto povo que tem sido explorado e degradado, brutalizado, assassinado e perseguido", constitui um exemplo clássico de tais sonhos fúteis. De acordo com ele, "segue-se das leis da revolução que os mais oprimidos farão a revolução", cujo fim último é que "nós temos de assumir o comando, o controle total [...] dentro dos Estados Unidos, de tudo o que existe. Passou o tempo em que éramos os segundos nas ordens, enquanto o garoto branco permanecia na frente". A fim de concluir esta inversão, será preciso "usar quaisquer meios necessários, incluindo o uso da força e do poder das armas, a fim de destronar o colonizador". E ao mesmo tempo que ele "declara guerra" em nome da comunidade (que, por certo, de forma alguma o apoia), recusa-se a "dividir o poder com os brancos" e exige que as "pessoas brancas deste país [...] estejam dispostas a aceitar a liderança negra"; ele clama "a todos os cristãos e judeus para que pratiquem a paciência, a tolerância, a compreensão e a não violência" durante o tempo que ainda possa levar – "mesmo que haja mil anos sem respostas" – para conquistar o poder.

X
à página 37, nota 41

Jürgen Habermas, um dos mais perspicazes e inteligentes cientistas sociais da Alemanha, é um bom exemplo a respeito das dificuldades que estes marxistas ou ex-marxistas encontram em desfazer-se de qualquer parte da obra do mestre. Em seu recente *Technik und Wissenschaft als "Ideologie'* (Frankturt, 1968), ele menciona inúmeras vezes que certas "categorias-chave da teoria de Marx, tais como luta de classes e ideologia, não mais podem ser aplicadas sem causar transtorno (*umstandslos*)". Uma comparação com o ensaio de Andrei D. Sakharov, citado anteriormente, mostra como é mais fácil para aqueles que olham para o "capitalismo" da perspectiva dos experimentos desastrosos do Leste descartar teorias e *slogans* gastos pelo uso.

XI
à página 52, nota 13

As sanções das leis, as quais, entretanto, não são a sua essência, dirigem-se contra aqueles cidadãos que – sem embargar o seu apoio – desejam abrir uma exceção para si mesmos; o ladrão ainda espera do governo que ele proteja a sua propriedade recém-adquirida. Foi notado que nos primeiros sistemas legais não havia quaisquer sanções (ver Jouvenel, *op. cit.*, p. 276). A punição do infrator era o banimento ou a condenação; ao quebrar a lei, o criminoso punha-se para fora da comunidade constituída por ela.

Passerin d'Entrèves (*op. cit.*, p. 128 e seguintes), levando em consideração "a complexidade da lei, mesmo da lei do Estado", apontou que "de fato há leis que são mais 'diretivas' do que 'imperativas', que são mais 'aceitas' do que 'impostas', e cujas 'sanções' não consistem necessariamente no uso possível da força da parte do 'soberano'". Ele comparou tais leis às "regras de um jogo, ou àquelas do meu clube, ou àquelas da Igreja". Eu as obedeço "porque para mim, distintamente de outros de meus concidadãos, estas regras são regras 'válidas'".

Penso que a comparação de Passerin d'Entrèves da lei com as "regras válidas do jogo" pode ser levada mais adiante. Pois a questão no que concerne a estas regras não é que eu me submeto a elas voluntariamente, ou que reconheço teoricamente a sua validade, mas a de que, na prática, não posso entrar no jogo a não ser que as obedeça; meu motivo para aceitá-las é meu desejo de jogar e, posto que os homens existem apenas no plural, o meu desejo de jogar é idêntico a meu desejo de viver. Todo homem nasce em uma comunidade dotada de leis preexistentes às quais ele "obedece", em primeiro lugar, porque não há outra maneira de ele entrar no grande jogo do mundo. Posso desejar mudar as regras do jogo, como fazem os revolucionários, ou abrir uma exceção em meu nome, como fazem os criminosos; porém negá-las em princípio não implica a mera "desobediência", mas a recusa a entrar para a comunidade humana. O dilema ordinário – ou a lei é absolutamente válida e, portanto, sua legitimidade depende de um legislador imortal e divino, ou a lei é simplesmente uma ordem e nada há por trás dela senão o monopólio da violência pelo Estado – é uma ilusão. Todas as leis são "mais 'diretivas' do que 'imperativas'". Elas dirigem o relacionamento humano como as regras dirigem o jogo. E a garantia decisiva de sua validade está contida na velha máxima romana: *Pacta sunt servanda*.

XII
à página 61, nota 23

Há alguma controvérsia em torno da visita de De Gaulle. A própria evidência dos acontecimentos parece sugerir que o preço que ele teve de pagar para ter o apoio do exército foi a reabilitação pública de seus inimigos – a anistia para o general Salan, o retorno de Bidault, o retorno também do coronel Lacheroy, algumas vezes também chamado de "o torturador na Argélia". Não parece que se saiba muito a respeito dessas negociações. É tentador pensar que a recente reabilitação de Pétain, de novo glorificado como o "vencedor de Verdun", e, em especial, a afirmação clara e incrivelmente mentirosa de De Gaulle, após o seu retorno, culpando o Partido Comunista por aquilo que os franceses agora chamam de *les événements* (os acontecimentos), tenham sido parte da barganha. Deus sabe que a única reprimenda que o governo poderia ter emitido ao Partido Comunista e aos sindicatos seria a de que eles não tiveram poder para impedir *les événements*.

XIII
à página 65, nota 26

Seria interessante saber se, e em que medida, a taxa alarmante de crimes não resolvidos é igualada não apenas pelo conhecido e espetacular crescimento das agressões criminosas, mas também por um aumento definido na brutalidade policial. O recentemente publicado *Uniform Crime Report for the United States*, de J. Edgar Hoover (Federal Bureau of Investigations – FBI – Departamento de Justiça dos Estados Unidos, 1967), não dá indicações de quantos crimes são de fato resolvidos – enquanto distintos dos "esclarecidos por detenção" –, mas realmente menciona em seu resumo que a solução policial de crimes graves declinou 8% em 1967. Apenas 21,7% (ou 21,9%) de todos os crimes são "esclarecidos por detenção", e destes apenas 75% poderiam ser enviados às cortes, onde apenas cerca de 60% dos indiciados foram considerados culpados! Assim, probabilidades a favor dos criminosos são tão altas que o constante aumento dos crimes parece apenas natural. Quaisquer que sejam as causas para o declínio espetacular da eficiência da polícia, o declínio

APÊNDICE

do poder da polícia é evidente, e, com ele, aumenta a probabilidade da brutalidade. Os estudantes e outros manifestantes são presa fácil para uma polícia que se acostumou a dificilmente capturar um criminoso.

Uma comparação com a situação em outros países é difícil, por causa dos diferentes métodos estatísticos empregados. Todavia, parece que, embora o aumento dos crimes não solucionados seja aparentemente um problema amplo e geral, em nenhum outro lugar alcançou proporções tão alarmantes como nos Estados Unidos. Em Paris, por exemplo, a taxa de crimes resolvidos caiu de 62% em 1967 para 56% em 1968; na Alemanha, de 73,4% em 1954 para 52,2% em 1967; na Suécia, apenas 41% dos crimes foram resolvidos em 1967 (ver "Deutsche Polizei", *Der Spiegel*, 7 de abril de 1967).

XIV
à página 66, nota 27

Soljenitsyn mostra em detalhes concretos como as tentativas de um desenvolvimento econômico racional foram destruídas pelos métodos de Stálin, e espera-se que este livro ponha fim ao mito de que o terror e as imensas perdas em vidas humanas foram o preço que tinha de ser pago para a rápida industrialização do país. Progresso rápido foi feito após a morte de Stálin, e o que é chocante na Rússia de hoje é que o país ainda esteja atrasado em relação não apenas ao Ocidente, mas mesmo em relação a muitos dos países-satélites. Na Rússia, não parece haver muita ilusão a este respeito, se é que houve alguma. A geração mais jovem — especialmente os veteranos da Segunda Guerra Mundial — sabe muito bem que apenas um milagre salvou a Rússia da derrota em 1941, e que esse milagre foi o fato brutal de que o inimigo tenha se mostrado ainda pior que o governante nativo. O que alterou a balança foi que o terror policial amainou sob a pressão da emergência nacional; as pessoas, deixadas a si mesmas, podiam novamente reunir-se e gerar suficiente poder para derrotar o invasor estrangeiro. Quando as pessoas retornaram dos campos de prisioneiros de guerra ou dos postos de ocupação, foram prontamente enviadas para longos anos em campos de trabalho e de concentração, a fim de que se quebrassem nelas os hábitos da liberdade. É precisamente essa geração, que provou a liberdade nos tempos da guerra, e depois o terror, que está desafiando a tirania do presente regime.

XV
à página 78, nota 11

Ninguém em sã consciência pode acreditar – como certos grupos de estudantes alemães recentemente teorizaram – que apenas quando o governo for forçado a "praticar abertamente a violência" os rebeldes estarão aptos a "lutar contra esta sociedade de merda (*Scheissgesellschaft*) com meios adequados para destruí-la" (citado em *Der Spiegel*, 10 de fevereiro de 1969, p. 30). Esta nova versão, linguisticamente vulgarizada (embora não intelectualmente), da velha insensatez comunista da década de 1930, segundo a qual a vitória do fascismo era a melhor coisa para seus opositores, ou é mero fingimento, a variante "revolucionária" da hipocrisia, ou testemunha a idiotia política de "crentes". Exceto que há quarenta anos era a deliberada política pró-Hitler de Stálin que estava por trás de tudo e não apenas uma teorização estúpida.

Com certeza, não há razão para estar particularmente surpreso com o fato de os estudantes alemães serem mais dados à teorização e menos dotados para a ação política e o julgamento do que seus colegas em outros países mais afortunados politicamente; nem que "o isolamento de mentes inteligentes e vitais [...] na Alemanha" seja mais pronunciado; que a polarização seja mais desesperada do que em outros lugares, e que o impacto sobre o clima político de seu próprio país seja quase nulo, a não ser por um fenômeno de reação. Eu também concordaria com Spender (ver "The Berlin Youth Model", *in op. cit.*) sobre o papel repre-

APÊNDICE

sentado nessa situação pelo passado ainda recente, de modo que os estudantes "ressentem-se, não apenas quanto à sua própria violência, mas por despertarem lembranças [...] eles também têm o olhar de fantasmas saídos de túmulos precipitadamente fechados". E todavia, quando tudo isso foi dito e detidamente levado em consideração, ainda permanece o fato estranho e inquietador de que nenhum dos novos grupos esquerdistas na Alemanha, cuja oposição vociferante às políticas nacionalistas e imperialistas de outros países tem sido notoriamente extremista, preocupou-se seriamente com o reconhecimento da linha *Oder-Neisse*, que, afinal, é o motivo crucial da política externa alemã e a pedra de toque do nacionalismo alemão desde a queda do regime de Hitler.

XVI
à página 85, nota 24

Daniel Bell é cautelosamente esperançoso porque está consciente de que o trabalho científico e técnico depende de um "conhecimento teórico [que] é buscado, testado e codificado de um modo desinteressado" (*op. cit.*). Talvez esse otimismo possa ser justificado contanto que os cientistas e tecnólogos permaneçam desinteressados do poder e relacionados apenas com o prestígio social, quer dizer, contanto que eles não dominem nem governem. O pessimismo de Noam Chomsky, "nem a história, nem a psicologia, nem a sociologia dão-nos qualquer razão particular para olharmos para o futuro com esperança quanto ao domínio dos novos mandarins", pode ser excessivo; ainda não existem precedentes históricos e os cientistas e intelectuais que, com deplorável regularidade, se encontram dispostos a servir a cada governo que porventura esteja no poder não têm sido "meritocratas", mas pessoas em busca de ascensão social. Mas Chomsky está completamente certo em propor a questão: "De maneira muito geral, quais são as bases para que se suponha que aqueles que almejam o poder baseando-se no conhecimento e na técnica serão mais benignos em seu exercício do poder do que aqueles que reivindicam o poder baseando-se na ascendência rica ou aristocrática?" (*Op. cit.*, p. 27.) E há toda a razão em suscitar a questão complementar: Quais são as bases para a suposição de que o ressentimento contra uma meritocracia, cujo domínio é exclusivamente baseado em dons "naturais", quer dizer, no poder do cérebro, não seja mais perigoso e violento que o ressentimento dos grupos antes oprimidos, que, ao menos, tinham o consolo de que sua condição não era causada por nenhuma "culpa" deles próprios? Não é plausível assumir que esse ressentimento trará consigo todos os traços assassinos do antagonismo racial, enquanto distinto dos meros conflitos de classe, na medida em que também irá referir-se a dados naturais que não podem ser mudados, e, assim, implicará uma condição da qual alguém só poderia libertar-se por meio do extermínio daqueles que porventura tenham um Q.I. maior? Posto que nessa suposição o poder numérico dos menos avantajados será esmagador, e a mobilidade social, quase nula, não é bastante provável que o perigo dos demagogos, dos líderes populares, será tão grande que a meritocracia se verá forçada a tiranias e ao despotismo?

XVII
à página 88, nota 31

Stewart Alsop, em uma coluna perspicaz, "The Wallace Man", *Newsweek*, 21 de outubro de 1968, atinge o ponto: "Pode ser não liberal da parte do homem Wallace não querer mandar seus filhos para escolas ruins em nome da integração, mas de modo algum isso não é natural. E também é natural que ele se preocupe com os 'aborrecimentos' de sua esposa ou em perder a sua equidade dentro de casa, que é tudo o que ele tem!" Ele também cita a afirmação mais eficaz da demagogia de George Wallace: "Há 535 membros no Congresso e muitos desses liberais também têm crianças. Você sabe quantos deles mandam seus filhos para as escolas públicas de Washington? Seis."

APÊNDICE

Outro exemplo primoroso de políticas de integração mal concebidas foi recentemente publicado por Neil Maxwell no *The Wall Street Journal* (de 8 de agosto de 1968). O governo federal promove a integração escolar no Sul cortando fundos federais em casos de flagrante insubmissão. Em um destes exemplos, US$ 200.000 da ajuda anual foram retirados. "Do total, US$ 175.000 foram diretamente para as escolas dos negros [...] Os brancos imediatamente aumentaram as taxas para repor os outros US$ 25.000." Em suma, aquilo que supostamente destina-se a ajudar a educação dos negros tem de fato um "impacto esmagador" no seu sistema escolar existente e nenhum impacto nas escolas dos brancos.

XVIII
à página 92, nota 35

No clima obscuro das falas e artimanhas ideológicas do debate dos estudantes ocidentais, estas questões dificilmente têm oportunidade de ser esclarecidas; de fato, "esta comunidade, verbalmente tão radical, sempre buscou e encontrou uma fuga", nas palavras de Günter Grass. Também é verdadeiro que isto é especialmente notável e exasperador nos estudantes alemães e outros membros da nova esquerda. "Eles não sabem nada, mas sabem de tudo", como sintetizou um jovem historiador de Praga, de acordo com Grass. Hans Magnus Enzensberger dá voz à atitude geral dos alemães; os tchecos sofrem de um "horizonte extremamente limitado; sua substância política é escassa" (ver Günter Grass, *op. cit.*, pp. 138-142). Em contraste com esta mistura de estupidez e impertinência, a atmosfera entre os rebeldes do Leste é rejuvenescedora, embora devamos tremer ao pensar no preço exorbitante a pagar por ela. Jan Kavan, um líder dos estudantes tchecos, escreve: "Meus amigos da Europa Ocidental sempre me dizem que estamos lutando apenas por liberdades democrático-burguesas. Mas, de qualquer modo, não consigo ver a diferença entre liberdades capitalistas e socialistas. O que reconheço são liberdades humanas básicas." (*Ramparts*, setembro de 1968.) É seguro assumir que ele teria a mesma dificuldade com a distinção entre "violência progressista e repressiva". No entanto, seria errado concluir, como se faz com frequência, que os povos dos países ocidentais não tenham queixas legítimas precisamente no que concerne à liberdade. Por certo, é apenas natural "que a atitude dos tchecos em relação aos estudantes ocidentais seja bastante influenciada pela inveja" (citado de um jornal estudantil por Spender, *op. cit.*, p. 72), mas também é verdadeiro que lhes faltam certas experiências menos brutais, mas muito decisivas, quanto à frustração política.

Ensaio crítico
Poder e violência no pensamento político de Hannah Arendt: uma reconsideração

*André Duarte**

A nova edição da tradução de *Sobre a violência*, cuidadosamente revisada, deu-me também a oportunidade de rever e reconsiderar algumas das ideias que havia proposto quinze anos atrás, no posfácio em que discuti as relações entre poder e violência no pensamento político de Hannah Arendt. Permaneço de acordo com boa parte das ideias então afirmadas, mas agora me pareceu importante ressaltar certas interpretações, reforçando-as com novos argumentos, ademais de introduzir novas considerações sobre o assunto, fruto dos debates que desde então vêm incrementando a discussão do pensamento arendtiano.

O ensaio de Arendt foi escrito entre 1968 e 1969, datas que evocam experiências políticas cruciais como a inusitada rebelião estudantil em todo o mundo e os confrontos raciais que ela ensejou nos Estados

---

* Doutor em Filosofia pela Universidade de São Paulo (1997), professor do departamento de Filosofia da Universidade Federal do Paraná e pesquisador-bolsista do CNPq.

Unidos; a glorificação da violência pelos militantes de esquerda e pelos movimentos de descolonização; a invasão soviética que pôs fim ao movimento político denominado Primavera de Praga; o aumento acelerado do processo tecnológico no que diz respeito à produção dos meios da violência e ao temor de uma guerra nuclear; as lições políticas oriundas da guerra do Vietnã e dos movimentos de resistência e desobediência civil por ela engendrados nos Estados Unidos; a impotência e o desgaste das democracias representativas do Ocidente sob o império das máquinas burocrático-partidárias, incapazes de oferecer espaço à participação política ativa, que permanece sempre uma demanda reprimida;[1] a progressiva redução da política à administração e o aumento dos problemas cotidianos das sociedades de massa, tais como a desintegração dos serviços públicos e a crescente brutalidade e ineficácia da polícia, entre outros.

Em todos esses acontecimentos, observa-se o crescente emprego da violência nas relações políticas, aspecto que motivou a reflexão arendtiana em *Sobre a violência*, ensaio que não pretendia ser um tratado sistemático a respeito da violência e do poder, tampouco tinha a pretensão de propor soluções teóricas para aqueles dilemas. Tratava-se, antes, de uma reflexão filosófica sobre determinados acontecimentos particulares, tomados como ocasião para contestar a tese de que poder e violência sejam fenômenos equiparáveis e, portanto, intercambiáveis, bem como a tese de que o fundamento do poder seja a violência, concepções presentes entre aqueles agentes políticos dos anos 1960 que Arendt denominou "os glorificadores da violência".[2] O aspecto

---

1 Abordo a questão da redução da política à administração em meu texto "Hannah Arendt's radical politics: beyond actually existing democracies", *Cadernos de Filosofia* (Lisboa), v. 19-20, pp. 107-120, 2007.

2 O centro de gravidade de sua discussão teórica é o binômio poder-violência, motivo pelo qual a versão alemã do texto, elaborada pela própria Arendt, intitulou-se *Macht und Gewalt* [Poder e violência].

ENSAIO CRÍTICO

fundamental que pretendo ressaltar em meu comentário é que Arendt não se limitou a estabelecer a importante e polêmica *distinção* entre poder e violência, pois também pensou, *a partir dessa distinção*, que poder e violência *sempre se relacionam* entre si nas situações políticas concretas, aspecto para o qual não se tem atentado suficientemente na literatura secundária.

Meu argumento é que a recusa arendtiana da dialética, tantas vezes enfatizada em sua crítica da ideia de que os termos opostos se interpenetram e se transformam em algo outro que não eles mesmos,[3] não compromete suas distinções conceituais com a rigidez própria ao estabelecimento de dicotomias e compartimentos estanques, como se, uma vez proposta a distinção entre poder e violência, não mais pudesse ha-

---

3 Para Arendt, depois de Auschwitz e do Gulag, entendidos como um "mal radical antes ignorado", já não podemos nos fiar na "noção de gradual desenvolvimento e transformação de valores". Cf. *Origens do totalitarismo*, São Paulo, Companhia das Letras, 2000, p. 494; doravante *OT*, seguido da página de referência. Em outro texto, Arendt também afirma que "Hegel pôde interpretar o curso passado da história em termos de um movimento dialético em direção à liberdade e, assim, compreender a Revolução Francesa e Napoleão Bonaparte no mesmo movimento. Hoje nada parece mais discutível que a ideia de que o curso da história esteja, em si e por si mesmo, dirigido à crescente realização da liberdade. [...] Além disso, o grandioso esforço de Hegel para reconciliar o espírito com a realidade depende inteiramente da possibilidade de harmonizá-los e de ver algo de bom em todo mal. Isso permaneceria válido apenas enquanto o 'mal radical' [...] não tivesse ocorrido". Cf. *A dignidade da política*, Rio de Janeiro, Relume-Dumará, 1993, p. 88. Em *Sobre a violência* essa crítica é retomada nos seguintes termos: "A grande confiança de Hegel e Marx no 'poder de negação' da dialética – em virtude da qual os opostos não se destroem, mas se desenvolvem suavemente, transformando-se um no outro, pois as contradições promovem o desenvolvimento e não o paralisam – assenta-se em um preconceito filosófico muito mais antigo: que o mal não é mais do que um *modus* privativo do bem, que o bem pode advir do mal; que, em síntese, o mal é apenas a manifestação temporária de um bem ainda oculto. Tais opiniões, desde há muito veneradas, tornaram-se perigosas" (*SV*, p. 67).

ver qualquer relação entre eles.[4] Em uma palavra, é preciso caracterizar as inúmeras distinções conceituais propostas por Arendt ao longo de sua obra,[5] pensando-as sempre em seu caráter *relacional*, isto é, sob a pressuposição de que aquilo que se distingue mantém uma relação intrínseca com aquilo *de que* se distingue, jamais podendo existir como entidade isolada e absoluta, independentemente de seu outro, de modo que a própria exigência arendtiana de estabelecer distinções implica o reconhecimento de que, na vida política cotidiana, o limite jamais é absoluto, mas sempre tênue e sujeito à contaminação e ao deslocamento. Nesse sentido, não se pode pensar o espaço público sem a pressuposição do espaço privado e, modernamente, do espaço social; não há liberdade sem necessidade; não há poder sem violência; não há política sem economia, e vice-versa. De fato, só faz sentido estabelecer distinções para aquilo que se apresenta de maneira intrinsecamente confusa e misturada no mundo político. A fim de exemplificar o caráter relacional das distinções arendtianas, podemos pensar a instituição de uma fronteira não apenas como o traçado do limite que *separa* duas entidades, mas tam-

---

4 Essa é a opinião mais frequente entre os críticos do pensamento arendtiano, mesmo quando adotam uma atitude teórica que, em parte, ressalta o interesse de sua reflexão política. A posição de Habermas é paradigmática: "É porque Arendt estiliza a imagem da *polis* grega, transformando-a na essência do político, que constrói dicotomias conceituais rígidas entre 'público' e 'privado', Estado e economia, liberdade e bem-estar, atividade político-prática e produção, não aplicáveis à moderna sociedade burguesa e ao Estado moderno." Veja-se J. Habermas, "O conceito de poder de Hannah Arendt", *in Habermas*, trad. Sérgio Paulo Rouanet e Bárbara Freitag, São Paulo, Ática, 1980, p. 109; S. Benhabib, *The Reluctant Modernism of Hannah Arendt*, Londres, Sage Publications, 1996, especialmente o capítulo 5. Para uma crítica sociológica do caráter dicotômico das distinções arendtianas, veja-se o artigo de Renato Perissinoto: "Hannah Arendt, poder e a crítica da 'tradição'", *Lua nova*, n. 61, São Paulo, 2004.

5. Veja-se o texto de Paul Ricoeur, "Pouvoir et violence", *in Ontologie et Politique*, Paris, Tierce, 1989, p. 141: "E imediatamente somos confrontados com essa surpreendente vigilância semântica de um pensamento que se dá por tarefa – e frequentemente por tarefa primeira – *separar* os conceitos, lutando contra as confusões tanto no discurso quanto na ação. Distinguir, distinguir, diz ela."

ENSAIO CRÍTICO

bém e, sobretudo, como aquilo que, ao separá-las, *unifica-as*: todo limite estabelece uma partilha ao mesmo tempo que vincula os opostos que aí se separam, os quais compartilham o limite e se unificam justamente ali onde se separam. Ou, segundo a terminologia de Roberto Esposito, é preciso pensar em termos de "intensificação do limite diferencial", isto é, pensar o limite de maneira desconstrutiva, como "divisão, mas, *ao mesmo tempo*, união entre o que se separa", pois o limite "não une menos do que separa. Ainda mais: une justamente o que separa".[6]

Em suma, proponho pensar o caráter relacional da distinção arendtiana entre poder e violência em termos de uma *relação de proporcionalidade*, em vista da qual quanto mais poder, menos violência e quanto mais violência, menos poder. Essa relação de proporcionalidade inversa entre poder e violência transparece nas afirmações arendtianas, de caráter esquemático e abstrato, segundo as quais "A forma extrema de poder é Todos contra Um; a forma extrema da violência é Um contra Todos" (*SV*, p. 53) e "Poder e violência são opostos; onde um domina absolutamente, o outro está ausente" (*SV*, p. 66). Essas fórmulas não são empregadas para descrever realidades políticas determinadas, mas apenas para realçar que a distinção entre poder e violência tem de ser pensada em termos de uma relação de proporcionalidade entre os dois termos. De fato, excetuando-se o caso excepcional do "conflito frontal entre os tanques russos e a resistência totalmente não violenta do povo tcheco", o qual constituiria "um caso exemplar da confrontação entre violência e poder em seus estados puros" (*SV*, p. 63),[7] Arendt não deixa de insistir ao longo do ensaio que "nada é menos frequente do que encontrá-los em sua forma pura e, portanto, extrema" (*SV*, p. 58). Em outras palavras, quando observamos o cotidiano político institucional e, obviamente, também as revoluções

---

6 R. Esposito, *Categorías de lo impolítico*, Buenos Aires, Katz Editores, 2006, p. 19.
7 Mais recentemente, o confronto na Praça da Paz Celestial, na China, entre os tanques chineses e os estudantes dissidentes, poderia ser igualmente mencionado.

e o fenômeno totalitário, nunca estamos diante do puro poder isento de violência – "nada... é mais comum do que a combinação de violência e poder" (SV, p. 58) – ou da pura violência desprovida de qualquer base efetiva de poder – "Jamais existiu governo exclusivamente baseado nos meios da violência" (SV, p. 61).[8] Tais considerações não invalidam a distinção arendtiana entre poder e violência, mas a pressupõem e a qualificam em sua especificidade própria, isto é, como uma *distinção relacional* expressa como relação de proporcionalidade.

Não resta dúvida de que a contribuição teórica mais evidente do ensaio arendtiano reside na original distinção entre poder e violência, conceitos frequentemente associados, derivados ou equiparados entre si em diversas tradições do pensamento político ocidental. Por certo, a afirmação de Mao Tsé-tung de que "O poder brota do cano de uma arma" (SV, p. 124) abole inúmeras e importantes sutilezas conceituais ao estabelecer uma identificação pura e simples entre poder e violência. Entretanto, Arendt também não deixa de observar que, a despeito de importantes mediações conceituais, certa equiparação entre poder e violência percorre boa parte da tradição do pensamento político ocidental, englobando pensadores da direita e da esquerda. Essa equiparação transpareceria no fato de que as relações de poder entre os homens são normalmente consideradas segundo a linguagem da dominação e, portanto, do mando e da obediência, os quais, por sua vez, estão fundados no caráter dissuasivo garantido pelos diversos meios da coerção e, por fim, pelo emprego da própria violência em vários graus. Poder, dominação, obediência, coerção e violência são noções que, a despeito de serem distintas, facilmente se encadeiam logicamente entre si, e a principal consequência daí derivada é o ofuscamento do fenômeno essencialmente não violento da geração do poder por meio da

---

8 "Mesmo o domínio totalitário, cujo principal instrumento de dominação é a tortura, precisa de uma base de poder — a polícia secreta e sua base de informantes" (SV, p. 61). Ou ainda: "Mesmo o tirano, o Um que governa contra todos, precisa de ajudantes na tarefa da violência, ainda que seu número possa ser restrito" (SV, p. 53).

ação coletiva e concertada, mediada pelo discurso e pelo debate, este sendo, justamente, um dos principais aspectos que Arendt pretendeu trazer à tona em sua reflexão política. Para Arendt, "por trás da aparente confusão subjaz a firme convicção à luz da qual todas as distinções seriam, no melhor dos casos, de pouca importância: a convicção de que o tema político crucial é, e sempre foi, a questão sobre 'quem domina quem'" (*SV*, p. 55). As diferentes formas de governo – democracia, aristocracia, monarquia – seriam diferentes formas de organização das relações de dominação do homem pelo homem, as quais encontrariam na violência sua justificativa última e seu próprio fundamento.

Contra esse quadro teórico paradigmático, aparentemente inquestionável, Arendt recorreu a uma "outra tradição e outro vocabulário não menos antigos e honrados. Quando a cidade-Estado ateniense denominou sua Constituição uma isonomia,[9] ou quando os romanos falaram de uma *civitas* como a sua forma de governo, tinham em mente um conceito de poder e de lei cuja essência não se assentava na relação de mando-obediência e que não identificava poder e domínio ou lei e mando" (*SV*, p. 52). O recurso a essa outra tradição política, originada na *pólis* isonômica e na *civitas* romana, está diretamente associado à sua consideração de que

---

9 Não é casual que Arendt se refira ao conceito de isonomia para denominar o regime político que alcançou seu ápice com Péricles, em vez do conceito de demo-cracia, o qual traz consigo implicada a noção de governo ou o domínio do povo ou da maioria. Segundo Francis Wolff, "é mesmo provável que o regime surgido em Atenas no começo do século V não se chamasse originariamente *democracia*, mas *isonomia*, termo cuja etimologia e mesmo o sentido se discute (igualdade de todos diante da lei? Ou igualdade de todos na *distribuição* do poder?). A novidade radical do regime se manifestaria na ideia de igualdade em oposição a todos os outros regimes marcados pela ideia de autoridade (-*arquia*) ou de poder (-*cracia*)". Cf. "Aristote démocrate", *in Philosophie*, 18, Paris, Minuit, 1988. Para Arendt, por sua vez, "'*Isonomia*' não significava nem que todos eram iguais diante da lei, nem que a lei era a mesma para todos, mas apenas que todos têm a mesma pretensão à atividade política e essa atividade era na *pólis* preferencialmente uma atividade do discursar com o outro. *Isonomia* é preferencialmente a liberdade de discurso [...]." Cf. *Was ist Politik?*, Munique, Piper, 2003, p. 40; doravante apenas *WP*, seguido da página de referência.

"somente quando os assuntos públicos deixam de ser reduzidos à questão do domínio é que as informações originais no âmbito dos assuntos humanos aparecem, ou, antes, reaparecem, em sua autêntica diversidade" (*SV*, p. 55).[10] Arendt argumenta que o conceito de governo não seria nem fundamental, nem originário da esfera política, tal como ela foi constituída pela *pólis* isonômica. Pelo contrário, tal noção adviria da esfera privada e constituiria, em sua origem, um obstáculo à possibilidade da ação política na *pólis*. Governar e ser governado não constituíam a essência da vida política democrática e a introdução e adoção sistemática dessas noções, já nas filosofias políticas de Platão e de Aristóteles, testemunhariam a exigência filosófica por encontrar um padrão de previsibilidade para o controle do jogo incerto das ações humanas por meio da distinção entre aqueles que sabem e comandam e aqueles que não sabem e obedecem.[11]

---

10 Os aspectos enfatizados por Arendt em sua recuperação crítica e seletiva da *pólis* grega estão sintetizados em *A condição humana*, Rio de Janeiro, Forense Universitária; doravante apenas *CH*, seguido da página de referência. Arendt considera a democracia ateniense do século V o "fenômeno arquetípico" da vida política organizada sob bases não despóticas, o que, por sua vez, não implicava pretender "ressuscitá-la tal como era e contribuir para a renovação das eras extintas". Quando Arendt se dedicou à recuperação do sentido político perdido da *pólis* grega, o qual teria caído no esquecimento da tradição do pensamento político ocidental, ela sabia que tal recuperação dependia das exigências do "presente" e somente poderia ser efetivada por meio da "violência ao [...] contexto" de onde ela seria arrancada, a fim de interpretá-la à luz do "'impacto fatal' de novos pensamentos [...]". As passagens entre aspas foram retiradas do ensaio de Arendt sobre Walter Benjamin, contido na coletânea *Homens em tempos sombrios*, São Paulo, Cia. das Letras, 1987, p. 142, 176 e 172, respectivamente. Discuto as afinidades teóricas existentes entre Arendt e Benjamin em meu livro, *O pensamento à sombra da ruptura. Política e filosofia no pensamento de Hannah Arendt*, São Paulo, Paz e Terra, 2000.

11 "Na concepção dos gregos, a relação entre governar e ser governado, entre comando e obediência, era, por definição, idêntica à relação entre senhor e escravo e, portanto, excluía qualquer possibilidade de ação" (*CH*, p. 236). No que concerne aos romanos, Arendt afirma que o sinal da desintegração política e da crescente perda de liberdade, já sob o Império Romano, foi a "aplicação ao governo público do termo *dominus*, que em Roma (onde a família era também 'organizada como uma monarquia') tinha o mesmo significado que o grego 'déspota'", implicando-se aí "um despotismo desconhecido na esfera política, embora inteiramente familiar no âmbito doméstico e privado" (*EPF*, p. 145).

ENSAIO CRÍTICO

Por sua vez, Arendt procurou desenvolver uma fenomenologia da ação política e do espaço público que visava a desencobrir e lançar luz em suas determinações democráticas essenciais, recorrendo para tanto a uma análise fragmentária das experiências políticas originárias da *pólis* democrática e da *res publica* romana, cujo núcleo se encontraria preservado, ainda que precariamente, na linguagem política do Ocidente. Retornar a esse núcleo originário da experiência política ocidental não significava pretender repetir no presente um conjunto de acontecimentos pretéritos, mas visar no passado àquilo que nele é ainda novo para o presente, verdadeiro manancial de possibilidades políticas encobertas e não transmitidas pela filosofia política. Nem saudosismo nostálgico, satisfeito em lamentar o que "foi" a política antiga, nem a arrogância teórica de pretender determinar, pela construção racional de modelos normativos morais ou jurídicos, o que a (boa) política "deve" ser; antes, e por outro lado, Arendt pretendeu refletir sobre o que "*é*" a política à luz da descoberta, no passado, daquilo que ela ainda *pode* ser hoje e no futuro.

Liberdade e igualdade coincidiam no âmbito da *pólis* grega, não apenas porque certas condições prévias eram necessárias para que se pudesse aceder ao espaço público, como a posse de escravos e de uma casa, de um espaço privado próprio, mas também, e sobretudo, na medida em que a isonomia, por meio de suas normas (*nomos*), instaurava uma igualdade artificial entre homens desiguais por natureza (*physei*). A igualdade era, portanto, uma característica especificamente política, um atributo da *pólis* isonômica e não uma qualidade natural dos homens. Liberdade e igualdade coincidiam, ainda, porque os gregos acreditavam que só se era livre quando as ações humanas davam-se entre os próprios pares, na exclusão de toda forma de desigualdade e violência e, portanto, na ausência de qualquer forma de governo definida a partir da dominação entre os cidadãos. Por esse motivo, a tirania significava o enclausuramento de todos os homens no espaço privado, isto é, a perda total daquela esfera onde eles podiam mostrar-se e onde a realidade enquanto tal podia constituir-se em suas várias perspectivas.

A visão negativa dos gregos sobre o espaço privado da vida também dizia respeito ao fato de que, nele, não se podia permitir a expressão da *doxa* em seus significados como opinião e como fama, como aparência e como ilusão: "a vida privada foi destituída de realidade porque não podia mostrar-se por si mesma e ser vista pelos outros. A convicção de que apenas o que aparece e é visto por outros adquire plena realidade e sentido autêntico para o homem está na base de toda a vida política grega" (*WP*, p. 40). A *pólis* e a *res publica* eram os espaços em que a liberdade, a igualdade e a ação podiam ser exercidas, assegurando-se deste modo a existência de um palco estável, capaz de sobreviver à fugacidade dos atos e das palavras humanos memoráveis, preservando-os e transmitindo-os às gerações futuras. A *pólis* veio à existência para propiciar um espaço onde os homens pudessem relacionar-se permanentemente no modo da ação e do discurso, multiplicando as chances de cada um para distinguir-se entre os demais e mostrar-se em sua própria unicidade individual, bem como para garantir aos homens que seus feitos e palavras não seriam esquecidos, visto que poderiam alcançar fama imortal por meio da palavra dos poetas e historiadores. A experiência antiga de liberdade era, pois, essencialmente espacial e relacional, vinculando-se imediatamente ao mundo das aparências que se estabelece *entre* os homens e que desaparece onde quer que o indivíduo se encontre isolado de seus companheiros.

Ao enfatizar que a *pólis* se organizava politicamente de modo a recusar as várias formas de governo definidas a partir da distinção entre governantes e governados, Arendt pretendeu desarmar a articulação tradicional entre poder, violência e governo, recuperando um conceito enfático e positivo do poder. Para tanto, ela retrocedeu *aquém* das formas de governo já constituídas a fim de encontrar o espaço e o modo de ser originários de onde brotam a política e o poder, os quais são fenômenos fundamentalmente distintos das manifestações da violência. A política e o poder surgem originariamente do "espaço da aparência" que vem a "existir sempre que os homens se reúnem na modalidade do discurso e da ação" (*CH*, pp. 211-212). Trata-se de um espaço que "precede toda e qualquer constituição formal da esfera pública e as várias formas de governo" e cuja própria existência depende diretamente de que os homens permaneçam juntos e dispostos a agir e falar entre si, desaparecendo quando quer que eles se vejam isolados uns dos outros. Nesse sentido, trata-se também de um espaço que existe apenas potencialmente, isto é, enquanto possibilidade, nunca necessariamente ou para sempre. Por isso, o poder que dele deriva também não é algo que se possa estocar ou preservar sob quaisquer condições, dependendo, em primeiro plano, da sua efetivação por meio dos atos e das palavras de uma pluralidade de homens. Em síntese,

> o *poder* corresponde à habilidade humana não apenas para agir, mas também para agir em concerto. O poder nunca é propriedade de um indivíduo; pertence a um grupo e permanece em existência apenas na medida em que o grupo se conserva unido. Quando dizemos de alguém que ele está "no poder", na realidade nos referimos ao fato de que ele foi empossado por um certo número de pessoas para agir em seu nome. A partir do momento em que desaparece o grupo do qual se originara o poder desde o começo (*potestas in populo*, sem um povo ou grupo não há poder), "seu poder" também se esvanece (*SV*, pp. 55).[12]

---

12 Habermas, em seu conhecido texto "O conceito de poder de Hannah Arendt" (p. 112), afirma que Arendt estava essencialmente preocupada com as condições de "gestação" do poder, mas não com aquelas relativas a sua "aquisição" e "preservação". Segundo Habermas, a preocupação com os problemas relativos à aquisição e à preservação do poder "induziram teóricos políticos, de Hobbes a Schumpeter, ao erro de confundir o poder com um potencial para a ação estratégica bem-sucedida. Contra essa tradição, em que também se inscreve Max Weber, pode H. Arendt fazer valer com razão o argumento de que as confrontações estratégicas em torno do poder político nem produziram nem preservam as instituições nas quais esse poder está enraizado. As instituições políticas não vivem da violência, mas do reconhecimento".

Para Arendt, portanto, o poder existe apenas *entre* os homens, isto é, quando eles agem e discursam persuasivamente, desaparecendo no momento em que eles se dispersam ou se veem impedidos de reunir-se livremente, de falar entre si e agir em concerto. O poder só pode ser gerado e atualizado a partir de um discutir uns com os outros no qual as palavras e os atos não se separam e na dependência de um "acordo frágil e temporário de muitas vontades e intenções" (*CH*, p. 213). Em suma, somente há poder quando se preserva a pluralidade humana com sua vasta gama de interesses, opiniões e pontos de vista distintos e mesmo conflitantes. O poder se origina de maneira legítima quando "a palavra e o ato não se divorciam", ou seja, quando "as palavras não são vazias e os atos não são brutais", isto é, "quando as palavras não são usadas para velar intenções, mas para revelar realidades, e os atos não são usados para violar e destruir, mas para criar novas relações e realidades" (*CH*, p. 212). Só há poder se são preservadas condições favoráveis para a ação coletiva e para a troca de opiniões divergentes em um espaço público; do mesmo modo, o que garante a permanência do próprio espaço público é o poder, que tem de ser reatualizado constantemente por meio de atos e palavras não violentos.[13]

Por tais motivos, o poder não pode ser considerado um atributo, ou uma qualidade natural, encontrado na natureza de homens isolados. Do mesmo modo, o poder também não é um bem material ou um ins-

---

13 Tal conceitualização do poder pode parecer excessivamente abstrata e distanciada dos homens que agem no presente. Em outro texto, procuro demonstrar que essa impressão é falsa e aproximo o pensamento arendtiano da reflexão e da prática políticas do coletivo catalão *espai en blanc*, o qual assume uma atitude hipercrítica em relação às (im)possibilidades da política no mundo globalizado e explora de maneira criativa e inteligente tanto os impasses quanto as tênues brechas que indicam a via de uma possível renovação da política, para além do aparato burocrático dos partidos políticos e das organizações de caráter humanitário. Cf. A. Duarte, "Hannah Arendt e a política excêntrica", *Multitextos*, revista do Decanato do Centro de Teologia e Ciências Humanas da PUC-RJ, vol. 6, pp. 107-124, 2008.

ENSAIO CRÍTICO

trumento do qual se possa dispor à vontade, como acontece em relação aos meios da violência. O poder não é mais do que um potencial de poder, como o indicam as palavras grega e latina *dynamis* e *potentia*, e não uma entidade imutável, mensurável e confiável, como o são o vigor e a força. O poder é definido por Arendt como um fim em si mesmo, de sorte que a própria política é compreendida como uma tarefa infindável. Em função de sua dimensão intersubjetiva e comunicativa, o poder pode ser dividido e contrabalançado sem que seja reduzido ou enfraquecido. Pelo contrário, "a interação de poderes, com seus controles e equilíbrios, pode, inclusive, gerar mais poder, pelo menos enquanto a interação seja dinâmica e não o resultado de um impasse" (*CH*, p. 214). Distintamente, "a monopolização do poder causa o ressecamento ou o esgotamento de todas as fontes autênticas de poder no país" (*SV*, p. 96). Em consonância com sua concepção do poder, Arendt pensa o governo como "essencialmente poder organizado e institucionalizado" (*SV*, p. 62), assentando-se, em última instância, na opinião da maioria que ele representa. Para a autora, "todas as instituições políticas são manifestações e materializações do poder; elas se petrificam e decaem tão logo o poder vivo do povo deixa de sustentá-las" (*SV*, p. 53). O poder está baseado no apoio – tácito ou explícito – e, mais diretamente, no número daqueles que conferem a ele o seu consentimento, e não primordialmente nos meios da violência de que dispõe. Isso é o que faz da tirania um governo impotente e, portanto, extremamente violento.

É à luz desse entendimento da política e do poder que a concepção arendtiana do direito deve ser compreendida.[14] As leis têm por função "erigir fronteiras e estabelecer canais de comunicação entre os homens", proporcionando estabilidade a um mundo essencialmente marcado pela mudança que os novos seres humanos trazem consigo potencialmente

---

14 Discuto o assunto em meu texto "Hannah Arendt: repensar o direito à luz da política democrática radical", *in* Ricardo Marcelo Fonseca. (org.), *Direito e discurso – discursos do direito*, Florianópolis, Fundação Boiteux, 2006, vol. 1, pp. 15-43.

(*OT*, p. 517). A ênfase arendtiana no papel estabilizador e conservador das leis e do próprio direito nada tem a ver com o conservadorismo que considera o direito e a lei imutáveis, recusando-se a aceitar que a mudança é constitutiva da condição humana. Por outro lado, entretanto, Arendt ressalta que jamais antes o espaço público sofreu tantas e tão rápidas modificações como no presente, corroendo-se assim a autoridade das leis. Seu argumento é que toda civilização está assentada sobre uma estrutura de estabilidade que proporciona o cenário para o fluxo de mudança. As leis e o direito circunscrevem cada novo começo trazido ao mundo por meio da ação, devendo assegurar um espaço de liberdade e movimento ao mesmo tempo que impõem limites à criatividade humana. Assim, os limites das leis positivas constituem a garantia de um mundo comum capaz de durar para além da fugaz duração individual de cada geração, absorvendo e alimentando a possibilidade da novidade.

Mas esse é apenas um lado da história, pois Arendt também se inspira no entendimento da lei tal como estabelecido pela linhagem republicana que vai dos romanos, passando por Maquiavel, até Montesquieu, para quem "'o espírito das leis' [...] é o princípio pelo qual as pessoas que vivem num determinado sistema legal agem e são inspiradas a agir".[15] Em outras palavras, Arendt pensa as leis e, em particular, a constituição, não apenas como elementos de estabilização da novidade continuamente trazida ao palco da esfera pública, à maneira grega, mas também como princípios de inspiração da ação humana, que propiciam o estabelecimento de novas *relações* entre os homens, à maneira romana. As leis, portanto, não são eternas e absolutas como os mandamentos divinos, nem possuem fundamentos transcendentes e inquestionáveis, capazes de superar a relatividade essencial do jogo político, mas constituem relações criadas por homens mortais para o trato de assuntos

---

15 H. Arendt, *Crises da República*, tradução de J. Vollkman, São Paulo, Perspectiva, 1973, p. 83; doravante *CR*, seguido da página de referência.

ENSAIO CRÍTICO

que são contingentes. Afastando-se da compreensão da natureza da lei oriunda da tradição judaico-cristã, Arendt lembra que nem gregos nem romanos sentiram necessidade de buscar uma "fonte transcendente de autoridade, ou seja, uma origem que deva situar-se para além do poder humano", independentemente do consentimento e dos acordos mútuos, para fundar o poder e as leis da comunidade política.[16]

É a partir da ênfase na questão da legitimidade do poder efetivado em atos e palavras não violentos que o fenômeno da obediência às leis e às instituições políticas de um país pode ser compreendido e diferenciado em relação àquela obediência que é extorquida sob a ameaça da coerção, da punição ou mesmo da violência. Para Arendt, mais importante que a distinção tradicional entre violência legítima e violência ilegítima é a distinção entre poder legítimo e poder ilegítimo, posto que apenas o poder pode ser legítimo, ao passo que a violência pode apenas ser justificada ou injustificável. Enquanto a violência é imediatamente inquestionável, a obediência política é mediada pelo reconhecimento das determinações legais e pelo consentimento popular que lhes confere sua legitimidade: afinal, em sentido próprio, só consente quem pode efetivamente discordar. E, de fato, não pode haver uma política aberta à novidade que se origine do livre agir coletivo senão por meio da capacidade de discordar, de dizer "não" e agir para interromper o processo contínuo de um determinado estado de coisas. Por considerar que as leis não têm apenas um papel estabilizador das relações humanas, mas que, se estiverem em consonância com as condições de possibilidade da política democrático-radical, devem inspirar novas ações coletivas, a autora enfatiza o caráter mais diretivo do que impositivo das leis, concebidas não tanto como instrumentos de coerção, mas, sobretudo, como "regras do jogo" com as quais os cidadãos consentem a fim de poder participar da teia de

---

16 H. Arendt, *On revolution*, Nova York, Penguin Books, 1987, p. 189; doravante apenas *OR*, seguido da página de referência.

relações inter-humanas que constitui o mundo público: "as sanções das leis [...] não são a sua essência e dirigem-se contra aqueles cidadãos que, sem embargar o seu apoio, desejam abrir uma exceção para si mesmos" (*SV*, p. 110).

Para Arendt,

> o consentimento implica o reconhecimento de que nenhum homem pode agir sozinho, o reconhecimento de que os homens, se querem realizar algo no mundo, devem agir de comum acordo, o que seria trivial se não houvesse sempre alguns membros da comunidade determinados a desrespeitar o acordo e tentar, por arrogância ou desespero, agir sozinhos.[17]

À primeira vista, essa argumentação em torno do acordo mútuo e do consentimento pode levar a pensar que Arendt recorra à figura do contrato da tradição do direito natural a fim de considerar a origem do poder. Habermas, por exemplo, sugeriu que a autora encontraria as fontes últimas de legitimação do poder constituído na autoridade da tradição e na "figura venerável do contrato", não na *práxis* comunicativa de cidadãos capazes de chegar a um consenso racionalmente fundado, retrocedendo assim "à tradição do direito natural".[18] De fato, Arendt confere grande importância à capacidade de prometer e pactuar, mas isso não implica que ela se agarre à ficção do contratualismo jusnaturalista moderno. Entre as vertentes do contratualismo, ela se interessou por aspectos do que chamou de versão horizontal do contrato, de inspiração lockiana, na qual se ressalta a reciprocidade do vínculo de cada um dos contratantes com seus companheiros, condição primeira de todo acordo capaz de preservar a pluralidade e o poder dos contratantes e que cons-

---

17 H. Arendt, *A vida do espírito, o pensar, o querer, o julgar*, tradução de A. Abranches, C. A. de Almeida e H. Martins, Rio de Janeiro, Relume-Dumará, 1991, p. 336; doravante *VE*, seguido da página de referência.

18 J. Habermas, "O conceito de poder de Hannah Arendt", *op. cit.*, p. 118.

ENSAIO CRÍTICO

tituiria "uma *nova versão* da antiga *potestas in populo*" (*CR*, pp. 77-78, grifos meus). A distinção arendtiana entre contrato vertical e horizontal consiste em que, no primeiro caso, o consentimento que legitima o poder constituído requer a abdicação de poder por parte daqueles que o constituíram, ao passo que, na chamada versão horizontal, esse consentimento permanece na própria base de *constituição* de um poder que se mantém na posse dos contratantes.

Em vista desse argumento, não me parece justa a crítica de Antonio Negri a Arendt, em que a acusa de subordinar o poder constituinte ao poder constituído. Negri, ao mesmo tempo que afirma que "Hannah Arendt nos deu, na realidade, a imagem mais clara do princípio constituinte em sua radicalidade e em sua potência", também a acusa de ter rechaçado a potencialidade criativa do poder constituinte por meio de seu recurso ao "constitucionalismo clássico e conservador", expresso em sua defesa da revolução americana.[19] Contrariamente a Negri, penso que Arendt reconheceu a tensão e a crise existentes entre o princípio da estabilidade jurídica, próprio do poder constituído, e o princípio ontológico do poder constituinte, radicado na inovação política derivada do agir coletivo. Ninguém melhor do que Arendt pensou o problema crítico da política na modernidade, isto é, o fato de que as verdadeiras irrupções da política autêntica, impulsionadas pelo potencial criativo do poder constituinte, jamais passaram de meras fulgurações instantâneas, seja porque foram reprimidas pelo poder constituído, seja porque se institucionalizaram burocraticamente e apagaram a chama da paixão política. Justamente por isso, ela tentou encontrar uma delicada solução estratégica de continuidade entre poder constituinte e poder constituído, entre política e direito, visando a conciliar estabilidade e criatividade como funções jurídicas complementares, não

---

19 Cf. *El poder constituyente. Ensayo sobre las alternativas de la modernidad*, Madrid, Libertarias/Prodhufi, 1994, p. 40 e 42.

contraditórias. Pensar a complementaridade entre política e direito é pensar a tensão entre o poder capaz de instituir a novidade radical e o poder constituído que visa a regrar e delimitar o campo da inovação, sem jamais poder circunscrevê-lo de maneira absoluta. Ademais, também é preciso considerar os argumentos de André Enegrén, segundo os quais não haveria no pensamento político de Arendt uma "verdadeira teoria do contrato", pois "se o fato gerador do agrupamento político é certamente uma convenção (no sentido de um vir a ser em conjunto), esta reunião não prenuncia nenhuma *alienação*. [...] Não se trata tanto da questão do contrato, mas sim da questão da *constituição*, a '*constitutio libertatis*' [...]".[20]

É preciso ressaltar ainda que, distintamente dos teóricos do contratualismo tradicional, para Arendt o poder "não precisa de justificação, sendo inerente à própria existência das comunidades políticas", pois surge espontaneamente "onde quer que as pessoas se unam e ajam em concerto" (*SV*, p. 63). Sendo o poder um fim em si mesmo, qualquer justificação acaba sendo redundante ou "perigosamente utópica", como se o objetivo do poder fosse garantir a felicidade do maior número ou promover a "sociedade sem classes ou qualquer outro ideal não político, o qual, se tentado com perseverança, só pode acabar em alguma forma de tirania" (*SV*, p. 63). A questão relevante não é a da justificação racional da gênese do poder por meio do apelo à ficção do contrato, já que o poder existe por si mesmo a partir do instante em que os homens convivem na modalidade da ação coletiva não violenta e do discurso persuasivo. Mais importante é a questão da legitimidade do poder, derivada dos princípios que inspiraram o "estar junto inicial" que fundou a comunidade política, os quais, por sua vez, devem ser capazes de renovar-se continuamente por meio da

---

20 A. Enegrén, *La Pensée Politique de Hannah Arendt*, Paris, PUF, 1984, pp. 118-119, grifo meu.

ENSAIO CRÍTICO

participação de uma pluralidade de homens. Para Arendt, o ato de fundação do corpo político não é uma hipótese racional ou uma conjetura a respeito de um evento fictício, irrepetível e perdido para sempre no passado, ao qual os homens do presente devem dar seu assentimento, à maneira do argumento contratualista tradicional. Afinal, o pacto ou a promessa que vinculam uma pluralidade de homens na fundação e na elaboração da constituição política são eventos concretos no mundo, como ela demonstrou em suas análises dos fenômenos revolucionários modernos, os quais dependem de uma contínua reafirmação e renovação. Para que a própria legitimidade do poder constituído não se desgaste, é preciso que o espírito ou o princípio que presidiu à fundação do corpo político possa ser renovado cotidianamente por meio da participação política ativa dos cidadãos, aspecto muitas vezes truncado pelo sistema representativo, centrado na burocracia partidária:

> [...] as imensas máquinas partidárias conseguiram sobrepujar a voz dos cidadãos em todo lugar, mesmo em países onde a liberdade de discurso e de associação ainda está intacta. Os dissidentes e resistentes no Leste exigem a liberdade de discurso e de pensamento como condições preliminares para a ação política; os rebeldes do Ocidente vivem sob condições em que estas preliminares não mais abrem os canais para a ação, para o exercício significativo da liberdade. [...] A transformação do governo em administração, ou das repúblicas em burocracias, e o desastroso encolhimento da esfera pública que as acompanhou têm uma longa e complicada história ao longo da época moderna; e esse processo tem sido consideravelmente acelerado durante os últimos cem anos por meio do surgimento das burocracias partidárias (*SV*, p. 92-93).

Arendt, por sua vez, jamais assumiu a possibilidade de fundar racional-mente um consenso justo, à maneira de Habermas,[21] dada a inescapável pluralidade humana e de seus interesses, nem tampouco recorreu à ficção de um contrato imaginário a fim de legitimar e garantir a preservação das ins-tituições políticas. Para Arendt, é compreensível que conflitos de interesses possam instaurar conflitos, e mesmo a violência, entre as partes envolvidas, pois é razoável pensar que onde o interesse está em jogo dificilmente as partes envolvidas pensarão no bem comum ou na coisa pública (*SV*, pp. 99-100). Arendt definiu a ação e o discurso a partir de suas características fenomenológicas próprias, mas não perdeu de vista o fato de que a ação e o discurso ocorrem "entre" os homens e voltam-se, portanto, "para o mundo das coisas no qual os homens se movem, mundo este que se interpõe entre eles e do qual procedem seus *interesses específicos, objetivos e mundanos*" (*CH*, p. 195, grifo meu), os quais são sempre interesses de grupos humanos e nunca meros interesses individuais.[22] Se ela não descreveu ou especificou quais seriam esses interesses que se interpõem entre os grupos humanos e em torno dos quais os homens se relacionam mutuamente, constituindo o conteúdo de seus atos e de sua fala, foi porque tais interesses apresentam grandes variações de grupo para grupo e se alteram no correr da história. Justamente por dependerem da interação plural, toda ação e todo discur-so manifestos em público incidem sobre uma "teia de relações" humanas preexistente, na qual se definem previamente a posição social e os interesses

---

21 "Somos convencidos pela verdade de uma proposição, pela adequacidade de uma norma e pela veracidade do enunciado; a autenticidade de nossa convicção depende da consciência de que essas exigências de validade são reconhecidas racionalmente, ou seja, são motivadas." Cf. Habermas, "O conceito de poder de Hannah Arendt", *op. cit.*, pp. 102-103.

22 "*Politicamente*, os interesses apenas têm importância como interesses de grupo, e para a purificação de tais interesses de grupo parece ser suficiente que eles sejam representados de tal maneira que seu caráter parcial seja resguardado sob todas as condições, mesmo sob a condição de que o interesse de um grupo aconteça de ser o interesse da maioria" (*SR*, p. 227).

dos grupos humanos em cada momento histórico particular, de modo que essa teia se constitui daquilo que está "entre" homens dotados de "inúmeras vontades e intenções conflitantes" (*CH*, p. 196). Por isso, não há nada de irracional na violência que porventura advenha de tais intenções e interesses conflitantes, visto que eles são parte constitutiva da vida política.

Assim, a legitimidade e a durabilidade das instituições políticas não dependem da formação racional-discursiva de uma vontade coletiva submetida à força do melhor argumento para o caso, à maneira de Habermas, nem da projeção hipotética de uma situação ideal recoberta pelo "véu da ignorância", em que as partes racionais dos cidadãos formariam um consenso razoável em torno de princípios universais de "justiça equitativa", à maneira de Rawls.[23] Antes, a legitimidade e a durabilidade das instituições políticas dependem da disposição presente e contínua dos cidadãos para continuar a apoiar o poder, as leis e as instituições políticas constituídas por um contrato que vincula os cidadãos *entre* si. O consentimento às leis não depende nem de uma submissão involuntária e cega ao passado tradicional de onde emergiu o poder atual, nem de um reconhecimento teórico e racional da validade do ordenamento legal vigente, mas, fundamentalmente, do "desejo de jogar" dos cidadãos, isto é, de seu desejo de participar ativamente da comunidade política à qual pertencem. Nesse sentido, Arendt pensa o consentimento "não no velho sentido da simples aquiescência, que distingue entre o domínio sobre sujeitos submissos e o domínio sobre sujeitos insubmissos, mas no sentido do apoio ativo e da participação contínua em todos os assuntos de interesse público" (*CR*, p. 76, trad. mod.). Para participar desse "jogo do mundo" é preciso obedecer às regras acordadas ou, então, tentar modificá-las por meio da ação coletiva. A ênfase arendtiana na figu-

---

23 Para uma interpretação contrária à proposta neste ensaio, veja-se A. Sauhí, *Razón y espacio público. Arendt, Habermas y Rawls*, México, DF, Ediciones Coyoacán, 2002; J. Habermas, "Three normative models of democracy", in S. Benhabib, *Democracy and Difference*, Princeton, Princeton University Press, 1996; J. Rawls, *Liberalismo político*, São Paulo, Ática, 2000.

ra do contrato e do consenso não implica, portanto, a impossibilidade do questionamento crítico, da desobediência, da transgressão e, finalmente, da mudança das leis por meio da intervenção coletiva, visto que tais atitudes não implicam negar as leis "em princípio" (*SV*, p. 111).

Os homens vêm ao mundo em comunidades já constituídas, que os recebem e acolhem na pressuposição do seu consentimento tácito à autoridade das instituições e das leis constituídas. No entanto, só pode haver consentimento onde está garantida a possibilidade do dissenso, pois apenas "quem sabe que pode divergir sabe também que, de certo modo, está consentindo quando não diverge" (*CR*, p. 79). Na medida em que considera a obediência como um reflexo do consentimento, Arendt defende a desobediência civil como um ato político legítimo, distinto da transgressão criminosa às leis de um país.[24] Enquanto a desobediência civil defende sua causa abertamente no espaço público e, mesmo sendo minoritária, reivindica a adesão de uma maioria para a transformação ou a conservação de uma determinada situação, a transgressão criminosa tem necessariamente de ocultar-se, pois ela nada mais é do que uma exceção aberta em nome do interesse próprio. Arendt cita e elogia como exemplos da desobediência civil os movimentos contra o recrutamento para a guerra no Vietnã e o movimento antirracista pela igualdade dos direitos civis no sul dos Estados Unidos, afirmando que esses movimentos de dissidência e resistência manteriam um vínculo primordial com o princípio que deu origem ao país, o princípio da livre associação voluntária para a ação coletiva.[25] No passado

---

24 Veja-se a respeito o seu ensaio "A desobediência civil", *in Crises da República.*

25 Sobre a associação entre racismo de cunho biológico e violência, Arendt afirma que "nada poderia ser teoricamente mais perigoso do que a tradição do pensamento organicista em assuntos políticos, por meio da qual poder e violência são interpretados em termos biológicos" (*SV*, p. 86). Para uma discussão do problema da biopolítica em sua dimensão racial no pensamento de Arendt e de Foucault, refiro o meu artigo "Modernidade, biopolítica e violência: a crítica de Arendt ao presente" *in* M.D.B. de Magalhães, C. Lopreatto, A. Duarte (orgs.), *A banalização da violência: a atualidade do pensamento de Hannah Arendt*, Rio de Janeiro, Relume-Dumará, 2004, pp. 35-54.

ENSAIO CRÍTICO

como no presente, o que está em jogo é a "alegria de agir, a certeza de poder mudar as coisas pelos seus próprios esforços" (*CR*, p. 174). Em situações políticas emergenciais, a desobediência civil é, portanto, uma forma de recuperação da capacidade humana para agir coletivamente e resistir contra a arbitrariedade e a opressão, refundando e renovando as bases do poder constituído por meio do recurso ao potencial renovador do poder constituinte. Decorre dessas considerações que, para Arendt, a vida política é potencialmente conflituosa, competitiva, agonística, marcada por confrontos entre posições antagônicas, as quais muito facilmente podem trazer consigo o fenômeno da violência, que deve ser entendido como fenômeno constitutivo da vida política institucional. Tal argumento, entretanto, não implica reduzir a política e o poder à figura da violência.

Para Arendt, a violência distingue-se do poder na medida em que é um meio, um instrumento para alcançar algum fim determinado e não um fim em si mesmo, de modo que ela jamais pode ser pensada como a própria essência ou o fundamento do poder. A violência "sempre depende da orientação e da justificação pelo fim a que almeja" e, portanto, "não pode ser a essência de nada" (*SV*, p. 62). Todo aumento da violência é sinal de um decréscimo ou mesmo da perda do poder, e a marca mais evidente da destruição do poder pela violência é o isolamento entre os homens e a concomitante desagregação do espaço público como espaço destinado ao aparecimento da pluralidade de homens e opiniões, com suas diferenças e conflitos intrínsecos: "do cano de uma arma emerge o comando mais efetivo, resultando na mais perfeita e instantânea obediência. O que nunca emergirá daí é o poder" (*SV*, p. 64). No entanto, se é verdade que a violência pode destruir o poder, ainda assim ela possui uma "ascendência fundamental (...) sobre a violência" (*SV*, p. 61). A discussão dessa afirmação permitirá entender que a distinção arendtiana entre poder e violência não implica sua mútua exclusão, como se pudesse haver algo como realidades políticas nas quais predominassem exclusivamente o poder ou a violência, mas sim uma relação de proporcionalidade, na qual os termos da equação não são estritamente equivalentes entre si. Em outras palavras, a relação de proporcionalidade entre poder e violência revela seu caráter heurístico na caracterização e na avaliação das diferentes formas de governo apenas na medida em que o poder seja assumido como o fator em vista do qual o ponto de equilíbrio é determinado em cada caso: quanto mais poder, menos violência e maior distância em relação à tirania, ao despotismo, à ditadura e ao totalitarismo; quanto menos poder, mais intensos e mais disseminados serão a violência e a crueldade dos meios e instituições pelos quais se procura garantir a dominação. Essa concepção do caráter primordial do poder em relação à violência se evidencia na consideração arendtiana de que

> onde a violência não mais está escorada e restringida pelo poder, a tão conhecida inversão no cálculo dos meios e fins faz-se presente. Os meios, os meios da destruição, agora determinam o fim — com a consequência de que o fim será a destruição de todo poder (*SV*, p. 65).

A superioridade e a ascendência do poder sobre a violência não se determinam a partir de critérios normativos extrapolíticos, mas em função de considerações estritamente políticas: afinal, a possibilidade do emprego bem-sucedido da violência "dura apenas enquanto a estrutura de poder do governo está intacta" (*SV*, p. 59), isto é, apenas enquanto aqueles a quem se ordena o emprego dos meios da violência ainda estão dispostos a obedecer. Do contrário, o mais provável é que os meios da violência mudem de mãos e as ordens para o seu emprego não sejam mais atendidas como antes. A disparidade existente entre os meios da violência de posse de rebeldes e revolucionários sempre foi inferior àqueles possuídos pelos governantes, mas, nem por isso, rebeliões e revoluções tornaram-se impossíveis, a despeito de todo o avanço tecnológico. De todo modo, o aspecto central enfatizado por Arendt é que

ENSAIO CRÍTICO

> onde os comandos não são mais obedecidos, os meios da violência são inúteis e a questão dessa obediência não é decidida pela relação de mando e obediência, mas pela opinião e, por certo, pelo número daqueles que a compartilham. Tudo depende do poder por trás da violência. A ruptura súbita e dramática do poder que anuncia as revoluções revela em um instante quanto a obediência civil — às leis, aos governantes, às instituições — nada mais é do que a manifestação externa do apoio e do consentimento (*SV*, p. 60).

Raros são os instantes do puro poder em ação, na ausência do emprego ou da possibilidade do emprego da violência, assim como raros são os instantes da pura violência desenfreada e sem qualquer amparo no poder constituído. Lembremo-nos da advertência arendtiana: "Talvez não seja supérfluo acrescentar que essas distinções, embora de forma alguma arbitrárias, *dificilmente correspondem a compartimentos estanques no mundo real*, do qual, entretanto, são extraídas" (*SV*, p. 57, grifo meu). Por isso, nada é mais comum ou frequente do que os governos, que nada mais são do que "poder institucionalizado em comunidades organizadas", exigirem para si "reconhecimento instantâneo e inquestionável", sem o qual "nenhuma sociedade poderia funcionar" (*SV*, p. 57). Como se percebe, não se encontra no pensamento arendtiano a vã esperança do retorno a um passado mítico, a uma suposta era de ouro do poder não contaminado pela violência. Igualmente, também não se encontra em seu pensamento o ideal utópico de uma comunidade política finalmente pacificada e isenta de conflitos de várias ordens, isto é, uma comunidade política da qual, no limite, a violência estivesse ausente de uma vez por todas ou tivesse chegado próxima ao estágio de seu total desaparecimento. Sua reflexão política não autoriza a plena recusa do emprego da violência pelo poder constituído ou pelo poder revolucionário constituinte, nem tampouco julga seu emprego como demoníaco. Para Arendt, a violência é um fenômeno intrinsecamente político, o que, no entanto, não é o mesmo que afirmar que a essência da política ou do governo resida na violência, mas sim uma forma de recusar as concepções teóricas que veem na violência a manifestação de forças irracionais ou bestiais supostamente inerentes à natureza humana. Se a violência não é nem bestial nem irracional, ela tampouco deve ser pensada como possuidora de uma legitimidade própria: apenas o poder pode ser legítimo, ao passo que a violência pode ser apenas justificável ou injustificável, e isso em função dos objetivos que ela almeja: a violência será tanto mais justificável, quanto mais imediatos e bem definidos sejam os objetivos visados, e vice-versa. Arendt chega mesmo a reconhecer que, em determinadas circunstâncias políticas emergenciais, a violência se torna "o único modo de reequilibrar as balanças da justiça" (*SV*, p. 76), bem como enfatiza que, se a violência não é capaz de promover qualquer causa, ela "pode servir para dramatizar queixas e trazê-las à atenção pública. [...] Exigir o impossível a fim de obter o possível nem sempre é contraproducente" (*SV*, p. 90).

Assim, o que Arendt recusava era conceber a violência como mais do que um meio, cujo emprego, por certo, ela concebia não apenas como possível, mas mesmo como necessário. Afinal, a violência será sempre o último árbitro, tanto no plano internacional quanto no plano nacional, quando se tratar de "conservar intacta a estrutura de poder" contra toda sorte de "contestadores", sejam eles o inimigo externo, sejam os dissidentes, sejam os rebeldes internos e os próprios criminosos nativos (*SV*, p. 63). Ademais, ela tampouco deixa de reconhecer que os governos efetivamente utilizem meios dissuasivos e mesmo violentos quando decidem implementar suas políticas visando a "alcançar objetivos prescritos" (*SV*, p. 62). Em suma, Arendt concordaria com Weber – e com uma longa tradição política – que a violência é a *ultima ratio* dos governantes, mas discordaria da tese weberiana segundo a qual o emprego dos meios da violência constituiria o meio específico de exercício do poder,

ENSAIO CRÍTICO

entendido prioritariamente como imposição da vontade de um agente sobre os demais.

Arendt não chega a afirmá-lo expressamente, mas, a partir de seus próprios argumentos, não parece incorreto pensar que apenas um poder legítimo, bem fundado e enraizado na opinião da maioria, seja capaz de justificar e empregar de maneira controlada e eficaz os meios da violência, dos quais ele não pode se eximir em face de contestadores, rebeldes, criminosos e invasores externos. Nesse sentido, quanto mais desmesurada e ineficaz é a violência, tanto menos o poder constituído que a emprega pode ser considerado efetivamente poderoso. Ademais, considerar que a pluralidade é não apenas a condição *sine qua non*, mas também a *conditio per quam* de toda vida política (*CH*, p. 15), equivale a reconhecer que o estar *entre* homens implica conviver em meio a diferenças de interesses, de opiniões, de visões de mundo, de objetivos etc., o que, por sua vez, nos leva à consideração da política como atividade marcada intrinsecamente pelo conflito, pela luta, pelo agonismo, pelo antagonismo e mesmo pela guerra.[26] Não se tem considerado suficientemente que a menção de Arendt à pluralidade humana impossibilita pensar um consenso absoluto. Os muitos ou a maioria não são todos, de modo que em toda comunidade política sempre haverá um resto não assimilado nem assimilável ao consenso estabelecido. Em outros termos, não se tem considerado devida e suficientemente o fato de que a ênfase arendtiana no consenso e no pacto como origens da constituição legítima do poder

---

26 "Guerras e revoluções, e não o governo parlamentar em funcionamento e o aparato partidário democrático, formam as experiências políticas fundamentais do nosso século. Se não as consideramos, é como se não tivéssemos de fato vivido no mundo que é nosso" (*WP*, p. 124). Em carta dirigida a seu editor alemão, Klaus Piper, datada de 7 de abril de 1959, relativa ao desenvolvimento de seu trabalho no livro que pretendia denominar *Introdução à política*, deixado inacabado, Arendt afirma que "vivemos em um século de guerras e revoluções e uma introdução à política não pode começar bem senão com aquilo por meio do qual chegamos imediatamente à política enquanto contemporâneos" (*WP*, p. 198).

não implica nem exige que todos estejam de acordo sobre todos os aspectos políticos e durante todo o tempo, pois tal consenso é não apenas transitório, mas também nunca universal ou universalizável. Os conflitos e antagonismos não abolem necessariamente a legitimidade do poder constituído. Quando isto eventualmente ocorre, então estamos diante de uma revolução ou da erosão da base de poder de uma comunidade. Se esses são casos-limite, então é preciso admitir que o consenso que legitima o poder constituído não pode excluir a manifestação política das diferenças, dos conflitos e das divergências, assim como também não pode excluir a imposição de certos interesses e objetivos hegemônicos sobre as partes recalcitrantes da comunidade política, na dependência da posse e do emprego dos implementos da coerção e mesmo da violência. Algo como um consenso universal, aliás, pareceria a Arendt perigosamente assemelhado à figura totalitária de uma unidade política inquebrantável e desprovida de arestas e fissuras, por trás da qual se encontraria, muito provavelmente, a sinistra articulação entre ideologia e terror que fez do totalitarismo um fenômeno político sem precedentes históricos.

Se é certo que, como pensa Arendt, a violência não é capaz nem de gerar o poder nem de mantê-lo intacto por tempo indeterminado, tampouco existe um poder constituído que possa preservar-se e durar no tempo na ausência do emprego possível ou mesmo efetivo dos meios da violência. Se o grande mérito da distinção arendtiana entre poder e violência reside na possibilidade de reconhecer que o poder advém do confronto de opiniões e de acordos passageiros e da ação em concerto por parte de uma maioria jamais absoluta; em suma, se Arendt nos revelou a origem não violenta do poder e, desse modo, nos permitiu reconsiderar o fenômeno da revolução e nele enxergar algo outro e mesmo distinto da inevitável violência que é inerente à fundação de um novo corpo político, tal distinção não nos deve iludir quanto à constante relação entre poder e violência no cotidiano de todas as formas de organização e institucionalização do poder. Se as informações originais nos assuntos

ENSAIO CRÍTICO

humanos somente aparecem quando deixamos de *reduzir* a questão política à questão da dominação, isso por certo não significa que a questão da dominação possa ser excluída de uma vez por todas da discussão política, motivo pelo qual Arendt também considerava que o poder do governo constitui "um dos casos especiais do poder", o qual requer noções como as de comando e obediência, a partir das quais também se autoriza o emprego da violência (*SV*, p. 58). Igualmente, se Arendt não enfatiza a ação instrumental e estratégica em sua concepção do poder e da política, isso não se dá na medida em que ela nega por definição o seu pertencimento à esfera público-política, como tantas vezes se enfatiza entre seus críticos.[27] Antes, penso tratar-se aí de opção estratégica, visto que a descoberta do potencial criativo do poder a partir das interações intersubjetivas não mediadas pela coação e pela violência pressupunha colocar entre parênteses justamente o agir instrumental e a ação estratégica, elevados à condição da definição prioritária do agir político nas sociedades contemporâneas, fenômeno intrinsecamente associado ao aumento do emprego da violência nas relações políticas.

Finalmente, também é preciso reconhecer que, se para Arendt, distintamente de outros pensadores políticos, o conflito e a violência não são os fatores responsáveis pela definição e pela geração do poder, o poder, enquanto originado dos pactos e dos acordos conquistados entre uma pluralidade de agentes, jamais poderá desconsiderar o conflito, a violência e a própria guerra como realidades primeiras. São essas realidades que o poder justamente vem pacificar, tanto quanto possível, sem jamais conseguir eliminar todos os resíduos da violência que precede-

---

27 A esse respeito, veja-se novamente o texto de Habermas sobre o conceito de poder em Arendt, pp. 110-111: "[...] H. Arendt tem que pagar o preço de: a) excluir da esfera pública todos os elementos estratégicos, definindo-os como violência; b) isolar a política dos contextos econômicos e sociais em que está embutida através do sistema administrativo; c) não poder compreender as manifestações da violência estrutural." Discuto esses argumentos no capítulo 6 de meu livro *O pensamento à sombra da ruptura. Política e filosofia no pensamento de Hannah Arendt, op. cit.*

ram à própria constituição do poder institucionalizado e que dele jamais se afastam completamente. Em outras palavras, o conflito e a violência permanecem latentes no próprio fundo da constituição do poder estabelecido, de maneira que tal poder jamais poderá evitar, de uma vez por todas, suas irrupções conflituosas. Se Arendt não concedeu um caráter essencialmente político à violência e à guerra, tampouco deixou de reconhecer que a violência, o conflito e mesmo a guerra estão no *limiar* da constituição de um corpo político, de modo que não apenas persistem continuamente na imediação de todas as relações políticas, como também se transpõem frequentemente para seu próprio interior. O caráter relacional e indissociável dos opostos que simultaneamente se distinguem e se unificam nas distinções conceituais de Arendt encontra um exemplo paradigmático em suas reflexões sobre as relações entre a guerra, a revolução e a política:

> Guerras e revoluções têm em comum o fato de se encontrarem sob o signo da violência. Se as experiências políticas fundamentais de nosso tempo são experiências com guerras e revoluções, então isso significa que nos movemos essencialmente no campo da violência e que, por causa de nossas experiências, tenderemos a equiparar a ação política com a ação violenta. Essa equiparação poderia ser fatal, pois, a partir dela, sob as condições atuais, apenas poderia seguir-se que a ação política se tornasse desprovida de sentido; entretanto, em face do papel monstruoso que a violência tem merecido de fato na história de todos os povos da humanidade, ele é bem compreensível. É como se, em nosso horizonte de experiência, fosse tirada a soma total de todas as experiências que os homens têm tido com o âmbito político (*WP*, pp. 124-125).

Tais considerações, por sua vez, remetem a sua discussão sobre a relação originária entre a guerra de Troia e a formação da *pólis*, a partir das

ENSAIO CRÍTICO

quais podemos dizer, com Roberto Esposito, que entre *pólis* e *polemos* a proximidade é mais do que evidente, é incontornável.[28] Assim, nas reflexões publicadas postumamente sob o título *O que é Política?*, Arendt insiste em que a guerra de Troia seja pensada como a própria origem da *pólis*, que, certamente, não poderia admitir em seu interior a violência destrutiva da guerra, mas, ainda assim, permanecia a ela vinculada de maneira inconteste:

> Para uma compreensão de nosso conceito político de liberdade, assim como ele aparece em sua origem na *pólis* grega, é de grande significação esse vínculo estreito do político com o homérico. E isso não apenas porque Homero seria o educador definitivo dessa *pólis*, mas porque, conforme a autocompreensão dos gregos, a instituição e a fundação da *pólis* estavam intimamente ligadas às experiências que existiam no interior do homérico. [...] O conteúdo do espaço da *pólis* permanece ligado ao homérico enquanto sua origem, não importa quanto possa modificar-se no futuro através dessa permanência (*WP*, pp. 45-46).

Essa vinculação entre *pólis* e *polemos* transparece no agonismo constitutivo das relações políticas gregas, nas quais a luta foi entendida não apenas como legítima, mas também como "a mais alta forma do estar-junto humano" (*WP*, p. 98), dado que os gregos entendiam que "a luta era, e com ela a guerra, o começo de sua existência política" (*WP*, p. 108). Entre

---

28 Roberto Esposito argumenta a esse respeito ao afirmar que "a guerra de Troia – em seu significado simbólico de conflito originário, de *Ur-teilung* que divide a ordem das coisas em um contraste radical – é ao mesmo tempo externa e interna à 'cidade' que dela se origina. Enquanto *polemos* não pode coincidir com a *pólis*, já que esta não pode nascer senão da distância que assume com relação àquela origem. No entanto, sem ela não se daria a política. Esta está contida em potência naquele acontecimento que constitui seu contrário". Cf. *El origen de la política: ¿Hannah Arendt o Simone Weil?*, Barcelona, Paidós, 1999, p. 45.

os romanos, por sua vez, a vinculação entre a política e a guerra transparecia na sua descoberta da lei e do pacto como resultantes de conflitos e da própria violência, posto que eles, distintamente dos gregos, ao final da batalha "não se recolhiam novamente a si mesmos e à sua glória, aos muros da cidade, mas haviam adquirido algo novo, um novo âmbito político que era assegurado por meio de um contrato com o qual os inimigos de ontem tornar-se-iam os aliados de amanhã" (*WP*, p. 108). Em outros termos: "Contrato e união, segundo sua origem e seu conceito tão ricamente cunhados pelos romanos, vinculam-se estreitamente à guerra entre os povos e representam, segundo a apreensão romana, a continuação como natural de cada guerra" (*WP*, p. 107). No final das contas, essa determinação residiria já na própria origem da república romana: "Os assuntos públicos, a '*res publica*' que surgiu desse contrato e que se tornou a República Romana, estavam localizados no espaço-Entre (*Zwischenraum*) entre os parceiros inimigos de outrora" (*WP*, p. 110).

Para Arendt, poder e violência constituem fenômenos opostos entre si, mas tal oposição ou distinção não significam que ela tenha pretendido insular a política do conflito, do antagonismo e mesmo da guerra. Tal atitude teórica teria sido considerada pela autora mais uma entre as infinitas tentativas filosóficas de se construir idealmente uma política pacificada e infensa à possibilidade do advento do novo no mundo. Em suma, pensar uma política alheia ao conflito e, no limite, totalmente alheia à violência, equivaleria a negar que da política seja constitutiva a ação e, portanto, a aventura do novo, tanto para o melhor quanto para o pior:

> O que faz do homem um ser político é sua faculdade para a ação; ela o capacita a reunir-se com seus pares, a agir em concerto e a almejar objetivos e empreendimentos que jamais passariam por sua mente, para não falar nos desejos de seu coração, se a ele não tivesse sido concedido esse dom — o de aventurar-se em algo novo. Filosoficamente falando, agir é a resposta humana para a

condição da natalidade. Posto que todos adentramos o mundo em virtude do nascimento, como recém-chegados e iniciadores, somos aptos a começar algo novo; sem o fato do nascimento jamais saberíamos o que é a novidade e toda "ação" seria ou mero comportamento ou preservação (SV, p. 93).

Este livro foi composto na tipografia Sabon LT Pro,
em corpo 11/16,5 e impresso em
papel off-white no Sistema Cameron da
Divisão Gráfica da Distribuidora Record.